خلقیّات ما، ایرانیان

بقلم :

سید محمدعلی جمال‌زاده

THE CHARACTERISTICS OF IRANIANS
Subject: Sociology, Iranian Culture and Social Behavior
Author: Mohammad Ali Jamalzadeh
Published by: Ketab Corporation
Copyright© 2026
All right reserved.
2nd Edition by: Ketab Corporation

خلقیات ما ایرانیان
نویسنده: محمدعلی جمال‌زاده
موضوع: جامعه‌شناسی، فرهنگ و ویژگی‌های رفتاری ایرانیان
ناشر: شرکت کتاب
چاپ دوم، شرکت کتاب: ۲۰۲۶ میلادی - ۱۴۰۵ خورشیدی - ۲۵۸۵ ایرانی خورشیدی

The Library of Congress Cataloging-in-publishing Data is available upon
request.

ISBN:978-1-59584-221-3
Ketab Corporation:
12701 Van Nuys Blvd., Suite H,
Pacoima, CA, 91331, USA

2 2 3 4 5 6 7 8 26

فهرست مندرجات

یادداشت :

از افزودن غلطنامه که سابقاً در جائی نام آنرا کهنهٔ حیض مطبوعات در ایران گذاشته بودم صرف نظر میشود چون بتجربه دیده شده است که کمتر خوانندهای چنین غلطنامههای دور و درازی را مورد استفاده قرار میدهد و در حقیقت زحمت بیهوده وکار بیحاصلی است ولی تنها یک مورد را در اینجا متذکر میگردد و از خوانندگان خواهشمند است که خودشان اصلاح فرمایند :

در حاشیهٔ صفحهٔ ۱۰۵ عبارت بکلی ناقص ودم بریده مانده است و باید جملهٔ زیررا بر آن افزود تا لااقل مقصود گوینده روشن گردد :

«دهاتیها که در اطراف ایستاده مشغول تماشا بودند با هیجان عجیبی مانند حیوانات درنده و گرسنه خـود را بروی آن استخوانها انداختند تـا شایـد تکه گوشت و پوستی بر آن استخوانها باقی مانده باشد و یا لااقل خود استخوانها را تاجائی که ممکن باشد بخورند . ملاحظهٔ آن مجلس چنان کراهت انگیزوترحمآور بود که بدون آنکه منتظر جواب معاونالسلطنه بشویم براه افتادیم . »

دیباچه

مجلهٔ **«مسائل ایران»** مقالهٔ دور و دراز «خلقیات» مرا قابل و سزاوار دیده است که بصورت کتابی هم بچاپ برساند. از چنین حسن استقبالی کمال امتنان را دارم و آرزویم این است که مندرجات این کتاب که همیشه شیرین و دلپسند نیست و چه بسا ته مزهٔ تلخی دارد خوانندگان را ملول و مکدر نسازد بلکه محرك آنان باشد که اندکی در صحت و سقم مطالب بیندیشند و بحکم **«اِذا مَرّوا بِاللَّغوِ مَرّوا کِراماً»** ازمعایب چشم بپوشند واگر پاره‌ای ازمطالب را خالی ازراستی و حقیقت نیافتند برآنچه موجب فساد وزشتی است نفرین بفرستند واگر معتقد شدند که فساد مانع سعادت و ترقی است و قسمتی از امور ما نیز هنوز بفساد آلوده است محضاًلله وبمنظور تأمین سعادت ورفاه فرزندانشان در روزگاران آینده قدمی دررفع فساد بردارند ولااقل در فسادکاریهای مؤثر و عام‌الضرر شرکت مستقیم داشته باشند.

ملاحظه میفرمائید که از رفع فساد سخنی نمیرانم. علت آنست که فساد را در میان خودمان مرض مزمن بسیار قدیمی تشخیص داده‌ام که قرنهای متمادی است در اثر استعداد سیاسی و مذهبی و خرافات و

موهومات اجدادی ونیاکانی بروجود ما استیلا یافته است وماننـد هرمرض مزمن کهنه تا باسباب وعلل واقعی آن دست نیابیم محال است که ازعهدهٔ علاج آن برآئیم وچنین کاری ، کار امروز وفردا نیست ومقدمات عریض و طویل مفصل لازم دارد که اصلاح اوضاع و احوال و کیفیات اقتصادی و سیاسی و اجتماعی و فرهنگی وتربیتی متعدد و گوناگون مستلزم آنست .

در هرصورت در گفتاری که موضوع این کتاب است خواسته‌ایم پاره‌ای از کیفیات این فساد را اززبان خودی وبیگانه نشان داده باشیم. امید است اینهمه بیانات دلخراش (که شاید گاهی خالی ازغرض ومرض هم نباشد) مارا متنبه سازد ودیدهٔ انصاف ما را بگشاید وبما بهتر بفهماند که مریض و علیل و بیماریـم و احتیاج مبرم حیاتی و مماتی بمداوا و معالجه داریم .

از کارمندان «مسائل ایران» امتنان دارم که درصدد برآمده‌اند که این مقالات را بصورت کتاب هـم بچاپ رسانند . از آقای طاهر رخشنده صاحب امتیاز ومدیر مسئول با همت وعالی نیت مجله سپاسگزاری دارم که امور ایـن کار را بعهده شناخته‌اند و همچنین زحمات آقای محمد حسین تسبیحی که زحمت و دردسر تصحیح نمونه‌های چاپخانه و تهیهٔ فهرست‌هـای گوناگون را متحمل گردیـده‌اند شایستهٔ تشکر مخصوص است .

افسوس که نگارنده دیر خبردار شد که این مقالات را میخواهند بصورت کتاب بچاپ برسانند و در حقیقت بقول فرنگیها خودرا درمقابل

امری دید که بمرحلهٔ اتمام رسیده بود و لهذا خوانندگان گرامــی از اغلاط و لغزشها و علی‌الخصوص پاره‌ای مکررات که در سلسلهٔ مقالات چندان عیبی شمرده نمیشد ولی ممکن است در طی کتاب دلپسند نباشد چشم خواهند پوشید ودعای خیرشان را منحصراً متوجه صاحبان خیر یعنی استاد دانشمند آقای ابراهیم خواجه نوری مؤسس و بانــی حقیقی «سمینار مسائل ایران» وآقایان نامبردهٔ دیگر خواهند ساخت وضمناً شادباشهای قلبی مرا نیز درین موقع که نوروز ۱۳۴۵ در پیش است خواهند پذیرفت .

سید محمد علی جمال‌زاده

ژنو ، ۲۲ اسفند ۱۳۴۴

« خُلقيّات » ما ، ايرانيان

« آينه گر عيب تو بنمود راست
خودشکن ، آئينه شکستن خطاست »

❁❁❁

بنزد من آن کس نکو خواه تست
که گويد فلان چاه در راه تست
هر آن کس که عيبش نگويند پيش
هنر داند از جاهلی عيب خويش
مگو شهد شيرين شکر فايق است
کسی را که سقمونيا لايق است
ز دشمن شنو سيرت خود که دوست
هر آنچ از تو آيد بچشمش نکوست
وبال است دادن بسر نجور قند
که داروی تلخش بود سودمند
چه خوش گفت آن مرد داروفروش
شفا بايدت داروی تلخ نوش
(سعدی)

(قسمت اول)

مجلهٔ « مسائل ايران » در شمارهٔ ۴ دورهٔ دوم خود (اول بهمن-
۱۳۴۲) از « ياران صاحبنظر » خود تقاضا نموده است که « راجع
بخلقيات يك ايرانی امروز آينهٔ تمام نمائی تهيه نموده برای استفادهٔ هم
مشربان بدفتر مجله بفرستد » .

همچنانکه خود مجله تذکر داده است « این کار، گرچه ظاهراً ممکن است یك تفنن ادبی بنظر بیاید ولی در حقیقت فـوق العاده مفید و برای ناظران مسائل ایران قابل استفاده میباشد . »

باید دانست که « یك نفر ایرانی امـروز » از بسیاری جهات و بخصوص از لحاظ اخلاق و یا بقول« مسائل ایران » ازحیث « خلقیات » تفاوت زیادی با ایرانی دیروز وپریروزندارد ولهذاعموماً آنچهرا درباره ایرانیان دیروز وپریروز گفته‌اند درباره ایران امروز (با پاره‌ای‌تفاوتهای غیر مهم) می‌توان صادق دانست و ازینرو میتوان چنین استنباط نمود که مقصود ومنظور «مسائل ایران» همانا جمع‌آوری و نشان دادن داوریهائی است که از جانب بیگانگان (وحتی خودمانیها) درحق ما ایرانیان و بخصوص در باره اخلاق (یا « خلقیات ») ما بعمل آمده است .

ازقدیم‌الایام تا امروز وازهرودوت ابوالمورخین و **کتزیاس و کـزنفون** یونانی گرفته تا مورخین روم غربی وشرقی و عربها و اقوام قدیمی دیگر حتی ارمنیها وچینی‌ها تا برسد بزمانهـای نزدیکتر و دوره توسعه روابط مناسبات بین‌المللی و آشنائی بیشتر بیگانگان با ایران در باره اخلاق واطوار ما از خوب وبد و زشت و زیبا مطالب بسیار نوشته‌اند.

جمع‌آوری آن‌همه مطالب و مقولات ومنقولات پرا کنده کار آسانی نیست ولی شاید بتوان گفت از جمله کارهائی است که عاقبت روزی باید صورت پذیرد . چیزی که هست امروز اقدام بچنین عملی کاری نیست که

از جانب اکثر هموطنان ما پاداش نیکو واجر بسزائی داشته باشدوبقول فرنگیها کاری خواهد بود « حق ناشناس » یعنی نه تنها تعبیر بخــدمت نخواهد گردید بلکه در نظر بسیاری از هموطنان ما حکم گناه وخیانت را پیدا خواهد کرد که بچنین کاری دست بزند و بانی و فاعل چنین امری بگردد ممکن است بغیر از لعنت و نکوهش و نفرین مزد شستی نداشته باشد .

اما از طرف دیگر اگر درست دقیق شویم و با صداقت و مصلحت بینی واقعی قضیه را در ترازوی سنجش بگذاریم و بقول مولوی با دیدهٔ علت شکاف و بانظر سبب سوراخ کن در اسباب و علل عقب ماندگی خودمان بیندیشیم قطعاً باین نتیجه منطقی ومعقول خواهیم رسید کههمین معایب و نقایص اخلاقی است (حالا چه کار داریم کـه این معایب و نواقص(۱) چرا بوجود آمده و کی واز کجا بوجودآمده‌است) که مانند تخته سنگهای زمخت و خار های مغیلان پر آزار و پرزیان قدم بقدم در طول مسیر وجادهٔ ما راه ترقی و سیادت و رستگاری را بر ما دشوار ساخته است و رویهمرفته علةالعلل اینکه ما ایرانیان با آن همه گذشته های تاریخی نتوانسته‌ایم شانه‌بشانه و همرکاب با ملتهای نو خاسته جلو برویم

---

۱ ـ راقم این سطور «نقایص» و « نواقص » هر دورا تعمداً در عبارت آورده است تا برساند که هر دو را صحیح میداند و لو بزعم گروهی از دانشمندان که استعمال استمراری را از جانب اکثریت مردم میزان صحت وسقم قرار نمیدهند مجاز نباشد .

و همچنان که دارای صفات و مواهب معنوی و درونی تمــدن هستیم از نعمات مادی و ظاهری آن نیز برخوردار باشیم همین معایب اخلاقی و امراض روانی ما بوده است و امروزهم اگر بخواهیم آرزوی قلبی خودرا عملی بسازیم و در طریق ترقی و رفاه و عافیت قدمهای مؤثر برداریم قبل از همه چیز باید بدفع و رفع این موانع سهمناك بپردازیم ولی از طرف دیگر چگونه امکان پذیر است که بادشمن نشناخته بجنگیم و برعلت ومشکلی غالب آییم که برما مجهول مانده‌است و نخواسته‌ایم زیر بار قبول آن برویم ، آیا ممکن است که انسان برای مرضی که حاضر نیست وجود آنرا در بدن خود تصدیق نماید و حتی درصدد نیست که در تشخیص علمی وفنی آن قدمی برداردعلاج ودرمان بیابد.

در تورات آمده‌است که « انسان طبعاً دروغگو است »(۱) و رومیهای قدیم معتقد بوده‌اند که « انسان برای همجنس خود حکم گرگ را دارد (۲) و مسیحیان به « گناه اصلی » که با فطرت انسانی سرشته است معتقدند و در کلام الله مجید خودمان هم انسان « ظلوم وجهول » خوانده شده است واولاد آدم همواره «جایز الخطا» بوده و خواهند بود و براستی که « بی عیب خداست » و چنانکه هزار سال پیش ازین شیخ ابواسحق کازرونی

---

۱ ــ عبارت لاتینی این جمله مشهور است و ازینقرار میباشد :

« Omnis homo mendax »

۲ ــ عبارت لاتینی این جمله از کلام پلاوت شاعر مشهور رومی بدینطور است:

« Homo homini lupus »

از عرفای بزرگ ما فرموده :

« درین جهان هیچکس حتی برگزیده ترین مردمان از گناه بدور نیست »(۱) .

صفات پسندیدهٔ ایرانیان

درینصورت اگر بحق یا ناحق معایبی برای ما میشمرند نباید زیاد برآشفته و متألم باشیم . ما باید فکر کنیم که تمام بیگانگانی که با ما ایرانیان رفت وآمد وسروکار ونشست و برخاست وآشنائی پیدا کرده‌اند تقریباً همه بالاتفاق و یك زبان گفته و نوشته‌اند که ما ایرانیان مردمی با استعداد و تمدن منش و خون گرم و با عاطفه هستیم و در معاشرت با دیگران دارای خاصیتهای ممتاز بسیار مطلوب ودلپسندی هستیم که عموماً ستوده‌اند و رویهمرفته مارا کاملا « مدنی » دانسته‌اند و مارا تیز هوش و سریع الانتقال وحاضر جواب وخوش مشرب و خوشمزه و خوش سلیقه وبا ذوق وخوش صحبت وخوش معاشرت شناخته‌اندوتقریباً همه بدون استثناء تصدیق نموده‌اند که ایرانی آدمی است بلند نظر ومبادی آداب ومهمان

۱ـ بنقل ازکتاب بسیار عالی « فردوس المرشدیه فی اسرار الصمدیه » در شرح حال شیخ ابواسحق کازرونی (۳۵۲ ـ ۴۲۶ هجری قمری) تألیف محمود بن عثمان (درسنهٔ ۷۲۸ هجری قمری) بکوشش ایرج افشار (شمارهٔ ۵ از انتشارات «در راه دانش » ، طهران ، ۱۳۳۳ ش . صفحهٔ سی‌ویك ازمقدمه بقلم ایرج افشار) .

نواز ودست ودل‌باز و عموماً آبرومند که باسیلی صورت خودرا گلگون نگاه میدارد وخلاصهٔ آنکه مردم ایران را باقابلیت وبااستعداد وصاحب لیاقت میدانند و سرباز ایرانی را از لحاظ قناعت وباندك راضی بودن و بقبول سختی و مشقت و حتی بشجاعت و از خود گذشتگی میستایند و روستائیان ایرانی را یعنی اکثریت کامل ساکنین آب وخاك این کشور را زحمتکش وقانع ووفا پرور و خوش‌باطن و باایمان واهل رضا و توکل میدانند. دانشجویان ما ، درمدارس فرنگستان عموماً بالاتر از حدمتوسط هستند و حتی عدهٔ نسبةً قابل توجهی از آنها از جمله دانشجویان ممتاز بحساب می‌آیند وهزارو چهارصد سال پیش درحق ما گفته‌اند که «اگر علم درثریا باشد مردمی از مردم پارس برآن دست خواهند یافت » .

و استقبالی که مردم ایران و بخصوص روستائیان از «سپاه دانش» کردند بخوبی علاقه وعشق ایرانیان‌را بعلم و دانش میرساند . همین‌اواخر در یکی از روزنامه‌های ایران میخواندم که یك نفر رعیت آخوند کوری را برای درس دادن به بچه هایش اجیر نموده است و میگفته است کـه گرچه ما خودمانیم وقدرت و استطاعت‌نداریم که گوشت بخوریم و این آخوند از ما گوشت تقاضا میکند واز هر کجا شده است برای او گوشت تهیه‌میکنیم که حتی‌المقدور بماند و بچه‌های من بی‌معلم و بی‌درس نمانند.

آیا همین بیگانگان بصد زبان از سلیقهٔ ایرانیان بتحسین وتمجید سخن نرانده‌اند . آیا در کتاب نمیخوانیم که :

«حقاً که ایرانیها طبع شاعرانه دارند . از سردر اطاق و پردهٔ اطاق و آئینه خلوتشان گرفته تا شانهٔ ریش و طاس حمام و تختهٔ بازی وسفرهٔ نان و فرش زیرپایشان وحتی قاشق آش و شربتشان هر یك آیت و نمونه‌ایست از ذوق و شوق این مردم یك‌لا قبا که با شکم گرسنه و جیب‌خالی تکیه بر ازیكهٔ استغنا زده قدم را از کنگرهٔ عرش پائین‌تر نمیگذارند و سلطنت را در پاکبازی و سبکباری دیده پشمین کلاه خویش را بصد تاج خسروی نمیفروشند » .

پروفسور براون که ایران وایرانی را بهتر ازهر کس‌میشناخت گفته است که درهمین زمانهای اخیر ایرانیان در دو مورد چنان شجاعت و فداکاری وایمان و جان نثاری ازخود بمنصهٔ ظهور رسانیدند که کاملاً زنده بودن و حق‌جوئی وجوانمردی آنها را باثبات رسانید یکی درموقع ظهور باب(۱) ودیگری درموقع انقلاب مشروطیت .

تمام مورخین طرز رفتار و بزرگواری اولین پادشاهان ایران را با دشمنان مغلوب و منکوب خود ستوده و میستایند و حتی دشمنان ما

۱ـ حکیم ودانشمند بسیارمعروف فرانسوی ارنست رونان در کتاب برادرج خود «حواریون» شهامت وازجان گذشتگی هواداران سید علی‌محمد باب را در موقعی که بامر ناصرالدین‌شاه آنها را بقتل میرسانیدند باایمان و رشادت فوق‌العادهٔ هواداران حضرت مسیح در آغاز ظهور مسیحیت مقایسه نموده است .

یکی از ارکان اساسی تربیت ایرانیان قدیم را راست گوئی واحترام براستی شمرده‌اند و ادبیات فارسی ما که هزار سال عمر دارد یکی از شامخ ترین کاخهای معنوی دنیا بحساب میآید که هر روز قدر و مقام آن بهتر و بیشتر روشن میشود .

در بیست و چند قرن پیش ازین یونانیان دشمن خونی ما ایرانیان بودند و با وجود این مورخ بزرگ آنها **هرودوت** که اورا ابوالمورخین خوانده‌اند بیست و چهار قرن پیش در حق ایرانیان چنین گفته است :

«ایرانی مجاز نیست از چیزی که عملش قبیح و غیرمجاز باشد سخن براند و در نظر آنها هیچ چیز شرم انگیزتر از دروغ گفتن نیست از دروغ گذشته قرض کردن هم در نزد آنها بغایت زشت و مکروه است و برای این زشتی علتی که بیان میکنند این است که میگویند آدم مقروض گاهی مجبور میشود دروغ بگوید . »

تفاوتهای اخلاقی ما با دیگران

شمارهٔ کتابها و مقالاتی که بیگانگان در حق ما و مملکت ما و اخلاق ما نوشته‌اند بر نگارنده معلوم نیست ولی همینقدر است که میتوان با اطمینان خاطر گفت که صدها کتاب و هزارها مقاله و رساله نوشته و انتشار داده‌اند . در بسیاری ازین کتابها و مقاله‌ها و رساله‌ها دربارهٔ

اخلاق ما و پدران ما مطالب بسیاری ازخوب و بد نوشته‌اند که متأسفانه باید انعان نمائیم که بدیها عموماً برخوبیها میچربد . اما کدام ملت و قومی در دنیا وجود دارد که اخلاق و اطوارش از خوبی و بدی و زشت و زیبا ترکیب نیافته باشد . چیزی که هست بسیاری از خوبیها و بدیها و زشتی‌ها و زیبائیها نسبت بزمان ومکان متفاوت و تغییر پذیراست و این معنی را حکیم بزرگ فرانسوی **پاسکال** (که درهمین اوقات ملت فرانسه بیاد بودسیصدمین سال وفات اومراسم بسیاردامنه داری بعمل می‌آورند) بنحو بسیار روشنی بیان نموده‌است که در سرتاسر جهان معروف‌است وبزرگان خود ما نیز مانند عطار و مولوی قرنها قبل از پاسکال همان افکار وعقاید را با فصاحت تمام بیان نموده‌اند .

پس‌معلوم میشود که هرقوم وملت و هر گروهی ازمردم بجهت علل و اسباب متعدد و مختلف دارای اخلاق و اطواری میشود که چه بسا در نزد خودش پسندیده ومقبول‌است درصورتیکه مردم دیگری آنرا نمی‌پسندند و نکوهیده و مکروه میشمارند . مثلاً آیا تقصیری برما ایرانیان است اگر فرنگیها معمولی‌ترین تعارفهای ما را از قبیل «جانم» و «عزیزم» و «قربانت شوم» و «تصدقت گردم» و «فدایت شوم» که مانند «شرآمی»(۱) فرانسویها و «ماین‌لیبر»(۲) آلمانیها درحقیقت تعارف محض است ومعنی و مفهومی ندارد بمعنای تحت‌اللفظی آن ترجمه میکنند و مایهٔ تعجب و

Cher ami —۱

Mein Lieber —۲

استهزاء قرار میدهند . ایرانی بجای لفظ « شما » برسم ادب و احترام «سرکار» و « سرکار عالی » و «جناب عالی » و « جناب مستطاب عالی » و «قربان» میگوید و بجای «من» از طریق تحقیر نفس خود و تعظیم طرف «بنده» و «فدوی» و «داعی» و «ذرهٔ بیمقدار» و «خاکسار» وغیره استعمال میکند و بجای «برو»، «بفرمائید» میگوید و بجای «بیا»، «تشریف بیاورید» مینویسد . آیا این عادات و رسوم را که سرتاسر لطافت و ادب است باید مورد طعن و طنز و مسخره قرار داد . فرنگیها خودشان هم در سوابق ایام بهمین طرز و اسلوب چیز مینوشتند و سخن میراندند و رفته رفته با توالی شهور و سنوات کار را برخود سهل گرفتند و نوشتن و گفتن را ساده‌تر ساختند و لابد حوادث دوران و جریان زمان ما را نیز روزی در همین راه وجاده خواهد انداخت چنانکه امروز هم آثار و مقدمات آن آشکار و عیانست اما ما نباید فریب حرفهای دیگران را بخوریم و تصور نمائیم که وقتی بجای « قبول دارم » میگوئیم «بچشم» و یا بجای «مرسی» فرنگی می گوئیم « دست شما را میبوسم » مرتکب معصیت کبیره شده‌ایم.

فرنگیها وقتی بهم میرسند بیکدیگر دست میدهند درصورتیکه ما سلام میدهیم و طرف جواب سلاممان را با « سلام علیکم » میدهد و باید تصدیق کرد که باهوای گرم ایران وعرق کردن دستها سلام بردست دادن ترجیح دارد آنها برسم ادب کلاهشان را از سر برمیدارند درصورتیکه ما اگر کلاهمان (زمانی که دارای کلاه خودمانی خودمان بودیم)را

از سر در مقابل بزرگی بر میداشتیم علامت بی ادبی بود . ما ایرانیان عموماً بپدرمان « شما » می گوئیم و « شما » خطاب می کنیم ، فرنگیها بپدرشان « تو » می گویند . آیا این اختلاف را می توان دلیل تقدم آنها بر ما قرارداد .

در ادبیات ما که از جمله بهترین ادبیات دنیاست صنعت تضمین و استقبال درشعر که در حقیقت نوعی از تقلید است در نزد شعرای ما فن و هنر بشمار میرود وحتی شاعر بزرگوار و بلند پایگاهی چون **حافظ** نه تنها **سعدی** را تضمین نموده است بلکه حتی مثلاً درین بیت مصراعی از سعدی را عیناً درشعر خود آورده است :

« سر پیوند تو تنها نه دل حافظ راست

کیست آن کش سر پیوند تو در خاطر نیست»

که تضمین ازین بیت سعدی است :

« کیست آن کش سر پیوند تو در خاطر نیست

یا نظر با تو ندارد مگرش ناظر نیست »

درصورتیکه تقلید در میان ادبای فرنگستان کار پسندیده ای نیست و از آن سخت احتراز میجویند . و هکذا شعرا و ادبای ما در اختیار موضوع برعکس فرنگیها ابداً اباء و امتناعی ندارند که همان موضوعی را اختیار نمایند (از قبیل «لیلی ومجنون » و « یوسف وزلیخا» و«شیرین وفرهاد» وغیرهم) که شعرای دیگر موضوع منظومهٔ خود قرارداده بودند.

جیمس موریه نویسندهٔ انگلیسی در کتاب بسیار عالی خود
« سر گذشت حاجی بابای اصفهانی » که از شاهکارهای ادبی دنیا بشمار
می‌آید و منقدین بزرگ آنرا در ردیف « هزار و یکشب » و « ژیل‌بلاس »
می‌گذارند و بهترین توصیف اخلاقی ایرانیان است در همین کتاب در
وصف تفاوتهائی که بین اخلاق ایرانیها و فرنگیها موجود است (و یا در
زمان فتحعلیشاه موجود بوده است) شرحی دارد که از آن جمله است (۱).

« رفتار و کردار فرنگیها طابق النعل بالنعل با رفتار و کردار
ما ایرانیان مخالف است . من بعضی را میگویم و توپاره‌ای را
بر آن حمل وقیاس کن . فرنگیان بجای اینکه موی سر را
بتراشند و ریش بگذارند ، ریش میتراشند این است کـه در
چانه موندارند ولی سرشان چنان از مو انبوه است که گویا
نذر کرده‌اند دست بـآن نزنند . فرنگیان بر روی چوب
می‌نشینند و ما بر روی فرش و زمین می‌نشینیم . فرنگیان با
کارد و چنگال غذا میخورند و ما بادست و پنجه می‌خوریم آنان
همیشه متحرک کند و ماهمیشه ساکنیم. آنان لباس تنگ میپوشند
و ما لباس فراخ میپوشیم آنان نماز نمیگذارند و ما روزی پنج
نوبت نماز می‌خوانیم نزد ما اختیار با مرد است و نزد ایشان

۱ــ بموجب ترجمهٔ فوق العاده ممتاز میرزا حبیب اصفهانی که باشتباه
عموماً بشیخ احمد روحی لقب داده شده‌است .

بازن . زنان‌ما راست باسب سوار میشوند وزنان آنان یکوری. ما نشسته قضای حاجت می کنیم و ایشان ایستاده آنها شراب را حلال میدانند و کم می‌خورند و ماحرام می دانیم و بسیار میخوریم . اما آنچه مسلم است و جای انکار نیست این است که فرنگیان نجس‌ترین و کثیف ترین اهل زمینند چرا که همه‌چیزرا حلال‌میدانند وهمه‌جور جانور وحیوان رامیخورند حتی‌خوك وسنگ پشت و قورباغه وخرچنگ‌را بی‌آنکه دلشان برهم بخورد. مردة را با دست تشریح می کنند بی‌آنکه بعد از آن غسل میت بجا آورند ، نـه غسل جنابت دارند و نه‌تیمم بدل غسل ».

میتوان قدم‌را بالاتر گذاشت و گفت در نزد ما ایرانیان مادامی که ادارات ما دارای انضباط کافی نگردیده است و چرخها و مهره ها بطور دلخواه و چنانکه شاید وباید نمی‌چرخد ، تعارف وپیشکس و روغنی که با آن سبیل را چرب می کنند و حتی رشوه (که اسم دیگرش را « بینهٔ مسکوك » گذاشته‌اند ودرحقیقت حلال هرمشکلی‌است وبدون‌آن‌بسیاری از مشکلات مردم تهیدست وبی‌عنوان هر گز راه‌حل نخواهد پیمود وچه کارها که معوق خواهد ماند) بغایت‌مفید است و بهمین ملاحظه قرنهاست که جزوعادات ورسوم‌ملی ما گردیده‌است و تقریباً حکم یك‌نوع‌عوارضی را پیدا کرده است که تمام ایرانیان مقدار و اندازهٔ آنرا در دادن و

گرفتن و هکذا موارد استعمال وطرز شیوهٔ اجرای آنرا مانند اصول‌دین و فروع دین میدانند و سینه بسینه از پدران بفرزندان و از اسلاف به اخلاف میرسد و هر کس در موقع ضرورت بدان متوسل می گردد و به شرایط آن عمل مینماید همچنانکه بدرخت دخیل می‌بندند و بامامزاده وسقاخانه شمع میبرند بوسیلهٔ همین تعارف و رشوه و پیشکش بسیاری از حاجات قضا و مشکلهای زیادی آسان می گردد و رویهمرفته عوارض و رسوم‌غیررسمی حکم همان پولی‌را پیدا کرده است که مسیحیان کاتولیك مذهب روزهای یکشنبه برسم‌خیرات ومبرات و سهم کشیش و کلیسا درظرف تکدی پرسر وصدای‌آخوندهای خود میریزند و صدایشان هم درنمیآید. ازطرف دیگری همین چیزی که مااسم‌آنرا « رشوه » گذاشته‌ایم‌مادامی که حقوق وعایدات گروه انبوهی از کارمندان رسمی ما کفاف معاش و جواب‌آب‌ونان‌آنها وعیال واطفال‌آنهارا ندهد درحقیقت نوعی‌ازصدقه و خیرات و حتی می‌توان گفت نوعی از بیمه‌های اجتماعی همگانی است که مردم حاجتمند بهمنوع محتاج و مستحق‌خود میپردازند وجای‌دوری نمیرود و از کجا که ثواب هم نداشته باشد وآنگهی‌آیا مملکت ومردمی در دنیا میتوان یافت که درآنجا تعارف وپیشکش و رشوه وجود نداشته وشیئی مجهول باشد.اما فرق‌معامله در درجهٔ شیوع وتواتروتوالی واندازه ومقدار است. این‌نوع کارها درمیان مارواج بیشتری دارد ودرنزدآنها بلکه خیلی کمتر باشد اما فی حد ذاته در میان آنهانیز کم وبیش دیده‌میشود ،

در صورتیکه در میان ما حکم نان حلال را پیدا کرده است و آبروان را . شنیدم که یك نفر آمریکائی که چندی در ایران زندگی کرده بود گفته بود درست است که حیف و میل و ریخت و پاش و ارتشاء درمیان ما امریکائیها هم کم نیست ولی تفاوت معامله دراین است که شما ایرانیان وقتی می خواهید کاری را انجام بدهید و پای دولت در میان ست و مثلاً موقعی که باید پلی بسازید معمار و مهندس و مقاطعه کار وادارات رسمی وغیر رسمی بدست و پا میافتند ورویهمرفته لا اقل نصف اعتباری را که برای این کار تخصیص داده شده است بجیب میزنند در صورتیکه درامریکا بجای پنجاه درصد عموماً بده الی بیست درصد قانعند . مقصود این است که معایب اخلاقی وقتی ازحدود معقولی (گرچه سوء اخلاق هر ذره اش خرواری عیب وزیان دارد) گذشت موجب خذلان و خانه خرابی ولعن ونفرین می گردد .

تغییر احوال ما ایرانیان

ما ایرانیان امروز باید کلاه خود را قاضی نموده ببینیم در صورتی که حتی در زمان فتحعلیشاه یك نفر ازدانشمندان همین فرنگیها موسوم به سر جان ملکم که ما و مملکتمان را خوب می شناخته وحتی اولین کسی است که تاریخ جامع وعالمانهٔ مملکت ما را نوشته درهمان زمان درباب مملکت ما در سفرنامهٔ خود نوشته است :

« آدم درایران بندرت اشخاصی را می‌بیند که تهیدست باشند و باید اقرار نمایم که تا آنجائی که شخصاً توانستم تشخیص بدهم در تمام ممالکی که دیده‌ام ایران از تمام آنها کمتر گدا دارد »

امروز چنین سخن بنظر بسیار عجیب می‌آید و شاید خالی از اغراق نباشد اما گوینده هم آدم نادانی نبوده که زیاد بی اساس حرف بزند . درهر صورت اکنون باید دید چطور شد که کار ما ایرانیان که خودرا عموماً آن همه با هوش وزرنگ ورند میدانیم و معتقدیم که کلاه بر سر فلك می‌گذاریم کارمان بجائی رسیده‌است که همین فرنگیها می‌گویند امروز در دنیا کمتر مملکتی پیدا میشود که بقدر ایران آدم گرسنه و گداداشته باشد . مگر نه این است که ما باهمین حرفهای غلط دل خودمان را خوش ساخته‌ایم و رفته رفته در مقابل اجناس خارجی دارو نداریم در جیب و کیسهٔ همین فرنگیهائی که بعقیدهٔ ما ساده‌لوح و کودن و زودباور هستند رفته است . در این صورت آیا آنها زرنگ ورند و باهوشند یاما گرسنه دلشادها . البته ممکن است که یك، نفر حاج عبدالغنی در میان ما پیدا شود که در یك معاملهٔ خصوصی کلاهی هم سرطرف فرنگی خود گذاشته باشد ولی رویهمرفته همهٔ کلاهها از نادانی وغرور بیجا بسر ما رفته‌است وهنوزهم میرود و بلاشك مادامی که نفهم و سست اخلاق بمانیم تمام دنیا ما را نفهم وسست اخلاق خواهند دانست و تا بتوانند نه تنها ما را خواهند دوشید بلکه باصطلاح تو کو کمان خواهند رفت .

چنانکه در پیش مذکور گردید خارجیان عموماً ما ایرانیان را تیز هوش و حاضرجواب و خوش‌زبان و مجلس‌آرا و تو دل‌برو میدانند ولی این صفات بیشتر جنبهٔ ظاهری دارد و چندان ربطی باحوال باطنی ندارد که اسم آنرا اخلاق (و یا «کاراکتر» که درفارسی کلمه‌ای که درست آن معنی را برساند گویا نداریم وخصال و جوانمردی و مردانگی درست آن مفهوم را نمیرساند) گذاشته‌اند و عبارتست از رعایت شرایط راستی و درستی وشرافتمندی و حقیقت گوئی و حقیقت جوئی و امانت و فداکاری و جرئت وشجاعت و شهامت و نیکوکاری و خیر خواهی و جوانمردی و متأسفانه ایرادی هم که بیگانگان بما میگیرند بطور عموم دربارهٔ همین اخلاق درونی است و بدبختانه وقتی این قبیل ایراد ها تکرار بشود رفته رفته حکم «شناسنامه» را پیدا میکند و مارك بین‌المللی بر آن خورده میشود و بصورت «قولی است که جملگی بر آنند» در میآید و بیم آن میرود که امروز قضاوت دیگران در حق ما بهمین صورت در آمده باشد.

مردم دنیا مجبور نیستند که تنها صفات خوب و پسندیدهٔ ما را بستایند و درمقابل معایبمان لب فرو بندند.

در خاطر دارم هنگامی که سی و پنج سال پیش در برلن زندگی میکردم روزی میرزا رضاخان تربیت که اکنون سالیان دراز است که درشهر اسوان درجنوب مصر ساکن و معتکف گردیده است عصبانی وخشمگین باداره روزنامهٔ «کاوه» آمد که در کتاب بزرگ لغت آلمانی (گویا

فرهنگ «برو کهوس») در بارهٔ اخـلاق ایرانیان مطالب بسیار زنننده نوشتهاند و از آن جمله ایرانیها را بدروغگوئی و نادرستی متصفداشته و بتجار آلمانی توصیه کردهاند که در معامله و دادو ستد با ایـرانیان بسیار هوشیار ومحتاط باشند ، تربیت (خدا اورا حفظ کند) بسیار بر۔ آشفته بود و شرحی هم برسم پرخاش بادارهٔآن فرهنگ نوشت که دیگر نمیدانم تأثیری نمود یانه ونتیجهدای بخشید یانبخشید . وهمچنین مکرر شنیده شده است که در بعضی ازشهرهای فرنگستان که جوانان ایرانی در آنجا زیادند مردم شهر حاضر نیستند اطاق بآنها اجاره بدهند (۱) و خودم میدانم که در یکی از کانتونهای سویس تنها وقتی حاضر میشوند که دختر بجوانان ایرانی بدهند کــه آن جوان قبلاً مبلغی درصندوق ادارهٔ کدخدائی بسپارد که اگر احیاناً دختر در ایران ناراضی وناراحت بود بتواند برای مراجعت بمملکتش از آن مبلغ استفاده نماید .

حالا باید دید که آیا باتمام اینمقدمات میتوان منکرشد که ما ایرانیان در قبال صفات و خصلتهای ممدوحی که داریم و عموماً مورد تصدیق خودی و بیگانه است هیچعیب ونقصی درکارمان نیست.اگربخواهیم پابروی حق گذاشته منکر بشویم نه تنها به بیانصافی متصف خواهیم شد بلکه ستم بخود و بفرزندان و ملک و ملت خود خواهیم کرد .

۱ـ باید اعتراف نمایمکه خودم شخصاً ندیدهام ولی بکرات ازخودی وبیگانه شنیدهام .

افراط و تفریط و تعصب و بی‌انصافی دردی را دوا نمیکند . ما باید اعتراف نمائیم که ایرانیان هم مانند همه مردم دنیا ترکیب و معجونی هستند. از خوبی و بدی و زشتی و زیبائی و اگر درمیان ما ایرانیان افرادی را (که بدبختانه تعدادشان کم نیست) سراغ داریم که براستی شایستهٔ نام شریف آدمی نیستند و بالتمام اهل حلق و جلقند و بجز پول که اسمش را « بینهٔ مسکوك » گذاشته‌اند و بغیر از مقام و اعتبار بهیچ چیز دیگری اعتنا ندارند درعوض گروه انبوه خلق ازین‌عوالم بدوراست . دراینجاست که شاید اشخاص بدبین بگویند که « عفت بی‌بی از بی چادری است » و «خدا خر را دید و شاخش نداد » و همین افراد سر بزیر و معقول هم اگر میدان بدستشان بیفتد بیداد خواهند کرد و شناوران قابلی هستند که آب نمی‌بینند و الا درکار ظلم و عدوان شناگران قابلی از کار درخواهند آمد . درجواب خواهیم گفت که بیشتر مردم دنیا همین حال را دارند و اگر اثرات تربیت عالمانه و عاقلانه مستمر و طولانی در میان نباشد و ترس از قانون و مؤاخذه هم برطرف گردد چه بسا ابلیسهای آدم روئی که نقاب از صورتشان خواهد افتاد و قیافهٔ ناهنجارشان نمایان خواهد گردید .

چهار راه کردار

اکنون باید دید درمقابل آنچه دیگران در حق ما گفته‌اند و نوشته‌اند و میگویند و مینویسند ما باید چه واکنش و عکس‌العملی نشان بدهیم و

وظیفه و خیروصلاح ما در اختیار کدام طریقه است و باید چگونه فکر کنیم و بچه طرز وترتیبی رفتار نمائیم .

درجواب این سؤال میتوان گفت که برای ما سه طریقه امکان‌پذیر است بقرار ذیل :

اول ـ تجاهل وتغافل

یعنی چنان وانمود کنیم که از همه‌جا بی‌خبریم و نمیدانیم و نمیخواهیم بدانیم که دیگران درحق ما چه گفته‌اند و بازچه میگویند و همچنانکه تابحال اگر هم‌خوانده وشنیده‌ایم بروی بزرگوار خود نیاورده‌ایم و گفته‌ایم « جواب ابلهان خاموشی است » ازین ببعد نیز آنچه را در حقمان میگویند و مینویسند نادیده و ناشنیده بپنداریم و زیرسبیل در کنیم و همانطور که در گذشته مورد توجهی قرار نداده زیر گوشی در کرده‌ایم ازین پس نیز بهمین رویهٔ مرضیه یا غیر مرضیه رفتار نمائیم و باصطـلاح محلشان نگذاریم ویك گوش را در و گوش دیگر را دروازه کنیم و آنچه را از گوشی میشنویم از گوش دیگر بیرون بیندازیم و کلام معروف را که « اگر همه را آب میبرد ما را خواب میبرد » ورد زبان قرار بدهیم و بگوئیم تا دندشان نرم شود آنقدر بگویند تا زبانشان خسته و آرواره شان ازکار بیفتد .

دوم ـ انکار

یعنی بزنیم بزیرش و بگوئیم تمام این حرفها از بیخ دروغ استو ما ایرانیان مردم بسیار با اخلاقی هستیم و آنچه در بارهٔ ما و فساد اخلاق ما میگویند سرتاسر دروغ و بی اساس است و سرسوزنی مبنی برحقیقت نیست . البته این طریقه کار را آسان میکند ولی ابداً فایده و نتیجه ای نخواهد داشت و اولین جوابی که بما خواهند داد این است که پس چرا دولتهای شما یکی پس از دیگری مبارزه بافساد را جزو مواد اساسی برنامه خود قرار میدهند و خلاصه آنکه همین سعی و کوشش ما را نیز در انکار بدیهیات باز یکی از معایب و نواقص اخلاقی ما بشمار خواهند آورد و جز آنکه بارمان سنگین تر بوده فایده ای بدست نخواهیم آورد .

سوم ـ تلافی

یعنی ماهم معامله بمثل نمائیم و یکی را دوتا برویش بگذاریم و پسشان بدهیم وچه در صحبتهای خودمانی و چه درمذاکرات ومباحثاتی که در مجالس و محافل و چه در نوشتجات خودمان حساب پاك کنیم و در کتاب ورساله و روزنامه پتهٔ سیّئات اعمال آنها را بروی آب بیندازیم وحق یا ناحق جلو زبان وقلم را رهاساخته ، غث وسمین وراست ودروغ عمل بمثل نموده هرچه بقلم و زبانمان آمد درحقشان دریغ نداریم و حسابی دق دل را خالی کنیم و بگوئیم « کلوخ انداز را پاداش سنگ است . »

چهارم ـ تعقل

یعنی عمل کردن بدستور فکر و بحکم و دلالت عقل و استدلال .
باید اندیشهٔ دوربین و فکر صحیح و معقول وقضاوت استوار را چراغ راه خود قرار بدهیم و کلاهمان را قاضی بسازیم و از خر شیطان عصبانیت و کج خلقی پیاده شویم و ببینیم عقل (و انصاف) چه حکم می کند و خیر و صلاح ما در چیست و خلاصه آنکه ره چنان برویم که رهروان رفته و میروند .

حالا ببینیم کدام یك ازین طرق چهارگانه در نفع وصلاح شماست.

تغافل و تجاهل

تا آنجائی که عقل سلیم و انصاف حکم می کند طریقهای اول و دوم وسوم بنظر نمیآید که در خیر وصلاح ما باشد و تصور نمیرود که در تمام دنیا کسی پیدا شود که آنهارا معقول بشمارد .

تغافل و تجاهل شیوهٔ دیرینهٔ غیر مرضیهٔ ماست وتاحدی بدان خو گرفته‌ایم وحتی میتوان گفت طبیعت ثانوی ما شده است ودرحقیقت همان شیوه ایست که به کبك نسبت میدهند که سررا زیر برف پنهان میسازد و خیال می کند چون خودش نمی بیند کسی هم اورا نمی بیند . ما میتوانیم محل نگذاریم واعتنائی نشان ندهیم و با پوست کلفتی که بمرور ایام برایمان پیداشده است در مقابل هر تهمت و افترائی شانه‌ها را بالا انداخته بگوئیم آنقدر

بگویند تاز با نشان مو در بیاورد و دل خودمان را با سخنانی ازقبیل «جواب ابلهان خاموشی است» خوش بداریم و بگوئیم اساساً «قلم در دست دشمن است» و در رد تمام آنچه درحق ما می گویند باسخنان سکه‌دار پیش‌پا افتاده‌ای از نوع:

«چون قلم در دست غداری بود لاجرم منصور برداری بود»

رجز خوانی نمائیم و حتی میتوانیم قدم را بالاتر نهاده یك قلم زیر این حرفهازده بگوئیم اساساً ما ایرانیان مجسمهٔ تمام‌قد خوش اخلاقی وملکات انسانیت هستیم ودرسرتاسر قلمرو و مملکت ماسرسوزنی فساد و بداخلاقی پیدا نمیشود و هرآنچه درحق ما میگویند مبنی بر بد خواهی و حسادت وبی خبری وغرض و مرض است و یا لااقل همانا حدیث یك کلاغ‌چهل کلاغ است .

ما میتوانیم در تأیید نظر خود بگوئیم از وقتی وسایل مسافرت و رفت وآمد آسان گردیده است هر روز عده‌ای ازین جوانان بیکار وبیعار فرنگی که طبیعت ماجراجو دارند باسم روزنامه نویس و خبرنگار یك دستگاه عکاسی حمایل ساخته و با یك ماشین تحریر سفری ما را بقدوم فضولی لزوم خود مشرف میسازند درحالی که عموماً از مملکت ما جز نامی نشنیده‌اند و دربارهٔ تاریخ و سنن و عادات و رسوم ما و اوضاع و احوال مملکت ما جز اطلاعات معمولی بسیار ناچیز و مختصری سرمایهٔ دیگری ندارند . آنوقت قلم‌خودنویس بدست در کوچه وبازار راه میافتند

و درمدت کوتاهی که چه بسا از دهروز و دوهفته تجاوز نمیکند بوسیلهٔ مترجمی بومی که خود محتاج ترجمان است با چندتن از مردم بیخبر از پیشخدمت مهمانخانه وراننندهٔ تاکسی و حمامی و دکاندار و دستفروش گفت و شنود و بقول خودشان « انترویو » راهمیاندازند وپساز برداشتن چند حلقه عکس و فیلم و خریدن یك قالیچهٔ خرسك و چشیدن مزهٔ چلوکباب شمشیری و احیاناً کشیدن یك حب افیون بمسقط الرأس خود برمیگردند و با شتابزدگی هرچه تمامتر کتابی در چند صد صفحه در باب مملکت تازه دیده مینویسند که اقلاً سه ربع آن نقل از کتابهای دیگران و تکرار مکررات است وبرای اینکه بچنین تحفهای جنبهٔ فنی و علمی نیز داده باشند برای هرمسألهٔ ساده و پیش پا افتادهای جدولها و « گرافیك » ها و « دیاگرام » ها و « منحنی » های افقی وعمودی ترسیم مینمایند و خانههای آنرا با ارقام و اعدادی پر میسازند و ناشر طماع و از نویسنده بیخبرتری هم چنین کتابی را در چند هزار نسخه بچاپ میرساند و با بانگ بوق و کرنا و تبلیغات با آب و تاب بفروش میرساند ومتأسفانه همین قماش کتابها ومقالات برای مردم بیخبر وسادهلوح غذای روح و مأخذ و مدرك و سند میشود و چنین نویسندگانی بسمت خبره و متخصص وکارشناس معروف میگردند و بهمین عناوین روزنامهها ومجلهها در مقابل حقالقلم گزاف آثارقلمی آنها را زیب صفحات خود میسازند .

ایران ما مساحتی داردبقدر نصفاروپا، چند هزارسال تاریخ دارد،

تاریخش یکی از پرماجرا ترین تاریخهای دنیاست . هنگامـی دارای عظمت و تمدن بود که هنوز اقوام اروپائی (باستثنای یونانیان و سپس رومیها) وارد مرحلهٔ مدنیت بمعنی امروزی این کلمه نشده بودند . ایران ما در وسط خاکش دارای بیابان و کویری است که یکی از بزرگترین ممالك اروپا را میتوان در آنجا جا داد . کوهی دارد که در تمام اقلیم اروپا کوهی بآن ارتفاع و ضخامت وجود ندارد . جنگلهائی دارد که بقدر یکی دو از ممالك کوچك اروپا وسعت دارد . ایران مسلمان یك هزار سال ادبیات دارد و باندازهٔ تمام ممالك اروپائی (وشاید بیشتر) شاعر دارد و شاعرهائی دارد که حتی « گوته» که خود فرنگیها او را شخص شاخص ادبیات خود میدانند در مقابل آنها سر تعظیم فرود آورده و مقایسهٔ خود را با آنها جنون محض شمرده است . آنوقت جوانان تازه بریش آمــدهٔ فرنگی را می بینیم که از ده روز مرخصی اداری خود استفاده نموده هزار سان و نفس زنان وارد میشوند و میخواهند در ظرف همـین چند روز تـاریخ و جغرافیا و ادبیات و گذشته وحال و آیندهٔ ما را و اوضاع و احوال سیاسی و اجتماعی و اقتصادی مارا مورد تحقیق و مطالعه قرار بدهند و بمحض اینکه بخاك خود بر میگردند با دست پاچگی هر چه تمامتر کتابی در چند صد صفحه مینویسد و در چند هزار نسخه بچاپ میرسانند و روزنامه نویسها نیز همین نوع کتابها را سند ومأخذ مقاله نویسی خود قرار میدهند.

بله، ما میتوانیم تمام این حرفها را بزنیم . ساختن (و گاهی تراشیدن) این نوع ادله و براهین برای تبرئهٔ خود کار دشواری نیست و البته اگر

تنها برای دلخوشکنک باشد کاملاً کافی است ولی مردم دنیا کور و کر
نیستند و ممکن است در جواب ما بگویند اگر واقعاً این حرفهائی که
درحقتان میزنند بی‌اساس و بی‌پایه است و فساد اخلاق درمیان شما حکم
عنقا و کیمیا را دارد پس چرا دولتهای شما یکی پس از دیگری مبارزهٔ
بافساد را ازسرفصلهای عمدهٔ برنامهٔ رسمی خود قرارمیدهند ،چرا قائدین
شما مدام از آن سخن میرانند و افراد ملت را تشویق و تشجیع بمبارزهٔ
با آن مینمایند . میگویند که اگر شما منکر فساد و دورغگوئی‌هستید
پس چرا روزنامهٔ معروفی از روزنامه‌های شما مانند « اطلاعات » که تا
حدی جنبهٔ نیمه رسمی دارد در شمارهٔ ۲۶ اسفند ۱۳٤۲ در قسمت انتقاد
خود مینویسد :

« شما دیده‌اید و اگر ندیده‌اید حتماً شنیده اید که داریوش
بزرگ در لوحهٔ زرین خود دعا کرده است که خدا کشوراورا
از دروغ حفظ کند . معلوم نیست آن مرحوم چه ناخدمتی در
پیشگاه خداوند کرده بود که دعایش وارونه مستجاب شده یعنی
خدا آفت دروغ را که مهلک ترین آفات است بر ملت‌اومسلط
ساخته است . ما سلام وعلیکمان باهمدیگر دروغی وساختگی
است ، قهرمان دروغ ، مهرمان دروغ ، کسبمان دروغ ،
تجارتمان دروغ ، دفتر و دستکمان دروغ و خلاصه دروغ و
دروغ و دروغ است که از سراپایمان بزمین میبارد . ما که
ملتیم بدولتمان دروغ میگوئیم تادولت هم مجبور شود بمادروغ

بگویید ... » .

آنوقت است که باید تصدیق نمائیم که بله « تا نباشد چیز کی مردم نگویند چیزها » .

شاید اشخاصی درمیان هموطنان ، پیدا شوند که بگویند بهتر است اصلاً با این همه اجنبی‌های بیکار وولنگار اجازه ندهیم که مانند کوساله‌ٔ حاج میرزا آقاسی وارد مملکت ما بشوند و هرجا دلشان بخواهد سر بکشند و باچهار چشم شاهد و ناظر احوال واطوار ما بشوند وبعد بروند هرچه دلشان میخواهد در حق ما بنویسند .

بدیهی است که چنین کاری گفتنش آسان است ولی عملی ساختنش نه تنها دشوار بلکه امکان ناپذیر است . امروز دروازه‌های جهان هر روز بروی مردم دنیا گشاده‌تر میگردد . رفت وآمد شرط حیات گردیده است و زاویه نشینی و اعتکاف برای ملل و اقوام درحکم خود کشی است .

امروز در عهد و دوره‌ای زند گی نمیکنیم کـه بتوانیم در خانه‌ٔ خودمان را بروی بیگانگان ببندیم و بگوئیم « مرا بخیر تو امید نیست شر مرسان» . احتیاج مبرم بخیرشان داریم و باید پیه شرشان را هم بـه بدنمان بمالیم . بله ، شکی نیست کـه وقتی در سنهٔ ۱۸۴ هجری کـه هرون الرشید در بغداد خلافت میکرد موقعی که در کشور فرانسه پیان معروف به « کوتوله» بتخت سلطنت جلوس کرد ومؤسس یک سلسله سلاطین نامی گردید کسی از هموطنان ما خبردار نگردید و زمانی که در عهد سلطنت همین پادشاهان کـه بنام « کارولانژیان » خوانده شده‌اند طـرز

حکومت «فئودالیته» و «فئودالیسم» در آنجا ایجاد گردید این واقعهٔ مهم
بگوش اهالی چاه بهار و سیستان نرسید و روزی که درسال ٦۱۱ هجری
در دورهٔ خلافت الناصرلدین الله فرانسویها برامپراطور آلمــان مظفر و
فیروز گردیدند و باب دشمنی و معاندت تاریخی کــه هنوز هم در میان
آلمانها وفرانسویها دنباله دارد واز عوامل مهم تاریخ سیاسی اروپا وبلکه
دنیا گردید پدران مــا در طالقان و قمشه بالمره از آن بیخبر ماندند و
هکذا هنگامیکه در سال ۳۷۷ هجری یعنی یازدهمین سال سلطنت نوح
بن منصور سامانی هوگ کاپه نامی در سرزمین فــرانسه بسلطنت رسید و
مؤسس سلسلهٔ سلاطین معروفی گردید اهالی سبزوار و نیشابورندوق ومسرتی
ابراز نداشتند . آیا ۴۲۱ سال پیش‌از‌ین وقتی کتاب عالم ومنجم لهستانی
موسوم به کوپر نیك درباب اینکه زمین بدورخورشید میچرخد نه‌خورشید
بدور زمین انتشار یافت طلاب مدارس دارالعباد کاشان اطلاعی یافتند و
آیا میتوان احتمال داد که روزی که گالیله در سن هفتاد سالگی باریش
و گیس سفید مجبور شد در مقابل جهل و تعصب زانو بزمین بزند و انکار
حقیقت روشن را بنماید علمای اعلام قم و اصفهان خبردار شدند . آیا
وقتی در سال ۸۹۸ هجری کلومب دنیای جدید را کــه آمریکا نام دارد
کشف نمود و یا وقتی شش سال پس از آن گوتنبرگ نام فن چاپ جدید
را اختراع کرد و یا روزی که در سنهٔ ۹۲۸ هجری مصلح مذهبی شجاع
و نامدار آلمانی لوتر حکم و فتوای رئیس کل مسیحیان پاپای اعظم را
در روز روشن علناً درآتش‌انداخت مردم سولقان و یاحتی مؤسس عظیم-

الشأن سلسلهٔ سلاطین صفوی خبر آنرا شنیدند و یا باهمیت آن پی بردند.
گویا بتوان بتمام این پرسشها جواب منفی داد . اما امروز دیگر وضع
دنیا بکلی تغییر یافته است بطوری که اگر مثلاً از وجود گنه گنه بی خبر
بمانیم مالاریای خانمانسوز ریشه‌مان را میکند و اگر کشف پنی سلین
بگوشمان نرسد مرض مهلك سل قبرستانها یمان را پرمیسازد و اگـر از
وجود د.د.ت. بی‌اطلاع بمانیم مگس بیمروت چشممان را درخواهدآورد.

اگر آذربایجانمان از دستمان نرفت از بـرکت همین روابط و
مناسبات بین‌المللی است و اگر امروز جزیرهٔ خرد و حقیری بنام کوبا
که در مقابل کت و کوپال رستم سامی آمریکا حکم دانه نرتی را دارد
که در جلو بوقلمون فربه و تنومندی افتاده‌باشد موی دماغ چنان کشوری
با آنهمه حشمت و عظمت گردیــده است از پرتو همین نزدیکی های
بین‌المللی‌است که روز بروز بر توسعهٔ خود میافزاید وخدامیداند بکجاها
خواهد کشید .

امروز حتی در دهات وقصبات ما روستائیانی که هرّ را ازبرّ تمیز
نمیدهند دارای رادیو و تلویزیون شده اند و روزنامه های دنیا مانند
صور اسرافیل کوچکترین اخبار جهان را هر صبح و شام در اطراف
و اکناف عالم منتشر میسازند و کسانی هم که مانند من بیسوادند با
گوششان اخبار سرتاسر گیتی را میشنوند و باچشمشان می بینند . امروز
دیگر درعصر و عهدی زندگی نمی کنیم که بتوانیم گوش و هوشمان را
بوقایع دوران ببندیم و دست رد بسینهٔ مردم دنیا بزنیم . امـروز دیگر

بی‌خبر ماندن و دامن از جمع فروچیدن و درها را بروی بیگانه بستن نه تنها زیان خیز است و گناه و خطا بقلم خواهــد رفت بلکه اصولا از حیز امکان بیرون است .

راقم این سطور در موزد صحبت ازهمین توسعهٔ روابط دنیائی در داستان «دوآتشه» چنین گفته است :

« تو خودت صبح که از خواب برمیخزی اول با صابونی کــه از فرانسه آمده است دست و رویت را میشوئی و بـا حوله ای که از روسیه آورده‌اند پاك میکنی و چای چین را دراستکان چکواسلواکی میریزی وباقند بلژیکی شیرین میکنی وبهمین منوال تا آن ساعتی که باز شب فرا میرسد و وارد رختخواب میشوی مدام با اجناس وامتعه‌ای که ازاطراف وا کناف جهان واز هفت اقلیم از جهات اربعه وارد شده سروکار داری . »

و باز دربارهٔ آمیزش و اختلاط امروزی مردم دنیا با هم در «سرو ته یك کرباس» چنین آورده است :

« ... شخصی را میشناسم که پدرش ایرانی است ومادرش ترك است و خودش در مصر بدنیا آمده و در هند بزرگ شده ودر فرانسه تحصیل کرده است وبعدها زن عرب گرفته‌است وبرادرش در ترکستان روس بدنیا آمده و اکنون در چین زندگانـی میکنند و پــدرش دو سال پیش در کربلای مُعلا مرحوم شد و همانجا مدفونست و مادرش در زمستان گذشته در مریضخانهٔ

برو کسل مرد و درقبرستان همان شهر خاکش کردند وخودش
اکنون سالهاست که در آمریکا بکار تجارت مشغول است وکار
و بارش هم الحمدلله خیلی خوب است . »

ما میتوانیم بگوئیم که اگردرمیان ما ایرانیان عدهٔ معدودی پیدا
شوند که اهل دنیا و شیله پیله هستند و یکباره پشت پا بمعنویات و هــر
آنچه بوی آدمیت میدهد زده جز جمع‌آوری پول و مقام و اعتبار ازهر
راه و بهروسیله‌ای که باشد هم و غمی ندارند و برای حصول بدین‌منظور
ازتوسل بدانچه نامش‌را خیانت وجنایت و دنائت گذاشته‌اند روبر گردان
نیستند ولــی اکثریت کامل مردم مملکت ما زیاد با این عوالم سر وکار
و میانه ندارند ولو بتوان بحق یا ناحق در حقشان گفت که «خدا خررا
دید و شاخش نداد» و یا آنکه « عفت بی‌بی از بی‌چادری است» و « آب
نمی‌بینند والا شناگران قابلی هستند » با اینهمه مردم صالح وکار کن و
قانع و بی‌آزاری هستند و با سایر مردم دنیا فرق و تفاوتی ندارند وابداً
مستحق اینکه دیگران آنها را ببدی نام ببرند نیستند .

اینها همه بجای خود درست‌است ولی درهرحال ما نباید فراموش
کنیم که بزرگان ما فرموده‌اند :

« چو از قومی یکی بی‌دانشی کــرد

نه که را منزلت ماند نه مه را

شنیده‌ستی کــه گاوی در علف‌زار

بیالایــد همه گاوان ده را »

و یا :

«اگر بر کهای پر کنید از گلاب

سگی در وی افتد شود منجلاب »

و متأسفانه این قبیل افراد بی‌دانش و گاوهای آلوده وسگهای در

منجلاب افتاده هم در میان ما کم نیستند و تمام بدبختی ما از همینجا

ناشی است .

ممکن است بعضی از هموطنان بگویند اگر ما ایرانیان واقعاً بدین

درجه گرفتار فساد و سوء اخلاق هستیم پس چرا خودمان درك نمیکنیم و

متوجه آن نیستیم . جوابی که میتوان با این سؤال داد این است که سوء

اخلاق حکم سیر و پیاز را دارد که چه بسا خوردنش گوارا و دلپذیر است

ولی بعداً بوی ناخوش و ناهنجار آن دنیا را میگیرد و محیط را بدبو

میسازد و جمعی را ناراحت میسازد و تنها کسانی از این کیفیت ناگوار

بی‌خبر و غافل میمانند که خودشان آن سیر و پیاز را خورده باشند .

مولوی نیز درحق منافقین و اشخاص دورو فرموده است :

از برون چون گور کافر پر حلل

وز درون قهر خدا عز وجل

از درون طعنه زند بر بایزید

وز درونشان ننگ میدارد یزید

خواجه حافظ در باب خودپسندی که بعقیده بعضی از بیگانگان

عیب بزرگ و میتوان گفت عیب ملی ما ایرانیانست فرموده :

«خودپسندی ، جان من ، برهان نادانی بود»

نکتهٔ دیگر آنکه گاهی یك عیب محسنات و فضایل بسیاری را از نظرها پنهان و تحت‌الشعاع قرار میدهد و مـردم همان یك عیب را دیده سجایا و کمالات دیگر را نمی‌بینند و نمیخواهند ببینند و خلاصه آنکه همچنانکه سعدی فرموده :

« آفتاب بدان بزرگـی را لکه‌ای ابر ناپدید کند »

نکتهٔ مهم واساسی دیگری هم که دانستنش نهایت ضرورت را دارد این‌است که امور هرجامعه و قوم و کشوری باهم پیوستگی بسیارنزدیکی دارد بطوریکه میتوان ادعا نمود که اگریك رشته ازآن امور دستخوش خرابی و نابسامانی و فساد باشد اصلاح اساسی سایر امور نـه تنها بسیار دشوار بلکه غیرممکن خواهد شد واین‌مصداق همان گفتار بسیارمعروف سعدی خودمان است که فرموده :

«چو عضوی بدردآورد روزگار

دگر عضوها را نماند قرار »

وهمان اصل وقانون علمی مستدلی است که عالم مشهور فرانسوی کوویه مؤسس علم آناتومی مقایسه‌ای وعلم «پالئون تولوژی» که میتوان اورا تا اندازه‌ای همشأن و هم ترازوی لامارك و داروین بشمار آورد بنام «قانون پیوستگی صور» خوانده و بعبارت ذیل بیان نموده است :

« از آنجائی که تمام اجزاء یك دستگاه با هـم همآهنگی و پیوستگی دارند همینقدر کافی است که یکی از آن اجزاء را

بشناسیم تا بتوانیم بطور قطع و یقین شکل تمام اجزاء دیگر آن را بدست بیاوریم .

شعرای بزرگ ما در حق مردم دنیا و هموطنان نشان سخن بسیار دارند و جمع آوری آنها کار آسانی نیست و محتاج فرصت و مجال بیشتری است تا یک نفر کمر همت ببندد و در فراهم آوردن سخنانی از نظم و نثر مانند سخنان زیر که از سعدی است کوشش مبذول دارد :

«پست عیب گیرند و پیشت بیش میرند»

«ابریق رفیق برمیدارند که بطهارت میرویم و بغارت میبرند»

«در برابر چو گوسفند سلیم   درقفا همچو گرگ مردم خوار»

«هنرها بر کف دست و عیبها در زیر بغل»

تلافی

پس روی هم رفته با تمام این دلایل **تجاهل و تغافل و انکار** دردمان را دوا نمیکند و بکار نخواهد خورد . میماند طریق سوم یعنی تلافی :

تلافی هم بجهاتی که روشن تر از آنست که محتاج دلیل و بیان باشد در نفع و صلاح ما نخواهد بود آنها دانا و توانا و مسلح و مجهز هستند و ما ناتوان و دست خالی و همچنانکه یکی از بزرگان شعر و ادب آنها لافونتن نام گفته است :

«حجت زورمند پیوسته از حجت ضعیفان قوی تر است»

درمیان ما ایرانیان مثلی هست که میگویند « گدائی کن تا محتاج

خلق نشوی» . خرد بما میگوید گدائی لازم نیست ، باید کار کرد و باز همان خرد بما میگوید کار باید از روی علم و برپایهٔ درستی و امانت و دلسوزی باشد . اگر ده پانزده سال باین طریق کاربکنیم دیگر چندان احتیاجی بکمک دیگران نخواهیم داشت و اگر احتیاجی باشد بیشتر بصورت احتیاج متقابل ودوجانبه خواهد بود که لازمهٔ ترقی و رستگاری دنیا و مردم دنیاست .

همین ایامی (فروردین ۱۳۴۳) که نگارنده مشغول تهیهٔ ایـن مقاله است کنفرانس جهانی بازرگانی در ژنو منعقـد است (بناست شش ماه ادامه داشته باشد) و۱۲۳ مملکت با تقریباً ۱۵۰۰ نماینده و کار شناس در آنجا مشغول کارند . دبیر کل این کنفرانس موسوم به راؤل پریش «Raoul Prebisch، گزارش بسیار مفصلی تنظیم نموده که اساس کار و برنامهٔ کنفرانس است و در طی آن میخوانیم که مقصود و منظور اساسی این کنفرانس عظیم این است که راه و چاره ای بیابند تا بلکه بجای ۴/۴ درصد افزایش سالیانهٔ قدرت و رفاه اقتصادی کشورهای عقب افتاده که اسمشان « ملل در حال ترقی » گذاشته اند از این پس سالیانه به ۵ در صد برسد یعنی مثلاً اگر این افزایش سالیانه تا بحال ۴ تومان و ۴ ریال خودمان بوده است از این پس به ۵ تومان برسد و گزارش نـامبرده درین مورد تصریح مینماید که بموجب حسابها و مطالعاتی که از طرف ارباب خبرت و کارشناسان و علمای اقتصاد بعمل آمده است برای حصول این منظور که در ظاهر بسیار سهل و ساده می آید اقدامات مهم بسیار لازمست

و احیاناً اگر این مقصود ازقوه بفعل آید باز هشتادسال لازم خواهد بود تا از لحاظ نیرو ورفاه اقتصادی این کشورها بپای ممالك مترقی اروپا برسند و ۱۲۰ سال لازم خواهد بود تا بپای امریکا برسند وحتی آن کشورهائی ازین ممالك عقب افتاده كه دارای پیشرفت کمتری هستند ۲۰۰ سال لازمست تا بپای ممالك مترقی اروپا برسند .

با این مقدمات ارزش کار (آن هم همچنانکه مسطور گردید کار عالمانه ای که مبنی بردرستی و امانت و دلسوزی باشد) معلوم میگردد وثابت میدارد که تا کار نکنیم و کارمان از روی خبرت و بصیرت و درستی نباشد بیچاره وفقیر خواهیم ماند وفقرو بیچار گی هم فساد اخلاق میزاید وازینرو نه تنها از گدائی بلکه ازخرابی و تباهی اخلاق هم رهائی نخواهیم یافت .

در هرصورت پیش آمد روز گارمارا امروز بکسانی محتاج ساخته است که تا دیروز وتا اندازه ای هم همین امروز بما محتاج بوده وهستند و نقداً با احتیاج مبرمی که از گهواره تا بگور و از کاغذ قرآن تا چلوار کفنمان بدانها داریم برایمان مقدور و میسر نیست که « عطایشان را بلقایشان » ببخشیم . وانگهی باید تصدیق نمائیم که دنیای امروز نیز با دنیای دیروز تفاوت فاحشی پیدا کرده است و شرایط و قواعدی بمیان آمده که سابقاً وجود نداشت و زمان ما با زمان پدرانمان این تفاوت را پیدا کرده است که دیگر در مقابل آوازهای ناهنجار نمی توانیم بگوئیم:

« زبیقم در گوش کن تا نشنوم   یا درم بگشای تا بیرون روم»

دنیا بصورت حمامی درآمده است که هر صدائی درزیر اطاق آن می‌پیچد

و تکرار میشود وما نیز محتاج آنها شده‌ایم و باید بآوازشان برقصیم وخیال

باطل وخام تلافی را از سربدر بنمائیم و بدانیم که صدای ضعیف و نارسای

ما در مقابل کرّوفر و بوق و کرنای آنها بگوش کسی نخواهد رسید و

درین معامله مغبون خواهیم ماند و عرض خود برده بخود دردسر بیهوده

داده‌ایم وسرانجام باید تصدیق نمائیم که همچنانکه استاد و مربی بزرگ

ما سعدی «هفتصد سال پیش فرموده است :

« چون نداری ناخن درنده تیز

با بدان آن به که کم گیری ستیز »

« هر که با فولاد بازو پنجه کرد

ساعد سیمین خود را رنجه کرد »

انسان عاقل بجنگ شاخ گاو نمیرود و مشت زدن به نیشتر شرط

خردمندی نیست . نباید فراموش کنیم که آنها دارند و ما نداریم ، آنها

میدانند و ما نمیدانیم ، آنها میتوانند و ما نمیتوانیم . درست است که

اگر ما بآنها محتاجیم آنهاهم بما احتیاج دارند ولی آنها آنچه را از

ما میخواهند میتوانند از ما بگیرند و ما آنچه را بدان محتاجیم اگر

آنها نخواهند بما بدهند نمیتوانیم از آنها ولو بزور هم باشد بگیریم .

درست است که اگر امروز ما بآنها نیازمند شده‌ایم و آنها (حالا کاری نداریم

که بچه منظوری) بما کمکی میرسانند نباید تصور نمایند که صدقه و

خیرات و مبرات بما میدهند بلکه باید تصدیق نمایند که در حقیقت قسمت

کوچکی است از آنچه در گذشته از ما گرفته وربوده‌اند و اکنون بما پس میدهند و چنانکه خودشان نیز مخفی نمیدارند از روی حسابگری است وقصدشان‌این است که ببازار ما رونقی‌بدهند تارواج بازارخودشان پایدار بماند و الا گمان نمیرود که صرفاً محضاًلله باشد .

وانگهی فرضاً هم که خیال تلافی داشته باشیم و باصطلاح آنچه را درحق ما میگویند یکی برویش گذاشته بخودشان پس بدهیم بیم آن میرود که در میدان مذمت و بیان سوء اخلاق کمیت ما لنگ از کار در آید و بپای کمیت آنها نرسد .

پس ازاین‌طریق سوم که طریق تلافی و معاملهٔ بمثل‌باشد نیز درنفع و صلاح ما نخواهد بود و همانا بهتر که چنین فکری را از کله بدر کنیم ودور این مبحث‌را خط بکشیم .

تعقّل

میماند طریقهٔ چهارم یعنی تعقل

تعقل یعنی از روی فکر واندیشه کار کردن . درمذهب ما آمده است که عقل راه خدائی است و راهی است که ببهشت راهنمائی میکند «العقل ماعبد به الرحمن واکتسب به الجنان» وحکیم بزرگ مافردوسی طوسی هم « شاهنامهٔ » جاودان خود را با « ستایش خرد » آغاز نموده و فرموده است :

«خرد برتر از هرچه ایزدت داد

ستایش خرد را به از راه داد»

« کسی کو خرد را ندارد زپیش

دلش گردد از کردهٔ خویش ریش»

« هشیوار دیوانه خواند ورا

همان خویش بیگانه داند ورا »

« همیشه خرد را تو دستور دار

بدو جانت از ناسزا دور دار »

در «مثنوی» هم میخوانیم که حضرت رسول بحضرت امیر فرموده

است :

« تو تقرب جو بعقل و سرّ خویش

نی چو ایشان بر کمال و برّخویش»

و کلام بلند «هر که را عقل دادی چه ندادی » و « عقل که نبود

جان در عذاب است» ورد زبان کوچك و بزرگ ما ایرانیان است .

بسیاری ازهموطنان ما سعادتمندی ورستگاری را مشروط به بخت

و اقبال و فرع آن میدانند و اعتقادی بعمل و بکوشش ندارند ولی کمتر

کسی دردنیا هست که بشخصه ندیده باشد وبتجربه برایش باثبات نرسیده

باشد که چه بسا مادامی که عقل در میان نباشد بخت و طالع هم بی ثمر

می ماند .

اکنون ببینیم خرد چه راهی را بما مینماید .

خرد بما میگوید که شنوائی حقیقت و قدرت شنیدن حقیقت و

راستی و پذیرفتن آن هم مانند راست گفتن و صادق بودن و طرفداری

از حقیقت و راستی از وظایف مقدس انسانی است و کسی که جرأت و قدرت شنفتن حرف راست و پذیرفتن حق و حقگوئی و راستی را (واو از جانب بیگانه و دشمن هم باشد) نداشته باشد آدم کاملی نخواهد بود و شایستهٔ چنین نامی نیست بلکه آدمی است مریض و علیل و ناقص که مانند آدمهای کور و کر و شل و چلاق فاقد یکی از اعضای فعال وجدانی است ومانند اشخاص افلیج درحقیقت ناقص وعاجزی بیش نیست ومحتاج طبیب و معالجه و پرستار و دوا و درمان است و اگر نخواهد زیر بار برود همانا مستحق است که بیمار و ناقص و عاجز باقی بماند الی یوم - القیامه .

خرد بما میگوید کسی که گوش شنوا و ذهن منصف برای شنیدن مرض و معایب خود نداشته باشد هر گز بدرجهٔ کمال نخواهد رسید و آنچنان است که از خوش آمد گوئی و تملق و دروغ لذت میبرد و حقا که مستحق است که کودك و خام و نادان یعنی بدبخت و سیه روز گار و بیچاره در جهل مر کب ابدالدهر بماند .

عقل بما میگوید که ما ایرانیان باید درراه اصلاح و تهذیب خود و فرزندان خود بمقامی برسیم که برای آدم حقیقت گو ولو آن حقیقت مبنی برمذمت ما و حاکی از معایب و زشتیهای اخلاقی ما باشد احترام قائل بشویم(۱) و گفته را در نظر بگیریم نه گوینده را و اگر دشمن ما

۱ـ درحدیث آمده است که «من غشنا فلیس منا» یعنی هر که عیبی درما سراغ کند و نگوید از ما نیست .

هم حرف درست و صحیحی دربارهٔ ما زد با ترازوی تعقل و انصاف آن
حرف را بسنجیم وچون صحت آن برما معلوم و مبرهن گردید آن حرف
را بپذیریم ودر صدد اصلاح خود برآئیم و با دل وجان این کلام بلند و
ارجمند را تصدیق نمائیم که :

«آینه گر عیب تو بنمود راست»

«خودشکن آئینه‌شکستن خطاست»

واضح است که هیچکس در دنیا (مگر افراد استثنائی از اخیار و
ابرار) خوش ندارد که معایبش را بشمارند و اتفاقاً کسانی از بیگانگان
که ما ایرانیان را از نزدیك شناخته و بهتر باحوال ما وقوف و آگاهی
دارند ونکته سنج واهل نظرند یکی ازخصوصیات اخلاقی بارز وبرجستهٔ
مارا همانا خودپسندی وخودستائی دانسته‌اند وما را مردمی از خودراضی
تشخیص داده‌اند که‌نمی‌خواهیم زیر بار این معنی برویم که معایبی‌هم داریم
و اگر کسی ولو از روی خیرخواهی محض هم باشد از معایب و نقایص
ما سخنی برزبان جاری سازد اورا بدو بدخواه خود دانسته بدیدهٔ دشمنی
باو مینگریم و شاید بهمین سبب بوده است که بزرگان و شعرای نامدار
ما آنهمه درنکوهش این خصلت نکوهیده سخنان بلند گفته‌اند ازین نوع:

دوست آن به که جمله عیب ترا

همچو آئینه رو برو گوید

نه که چون شانه با هزار زبان

پشت سر رفته مو بمو گوید

❀❀❀

به نزد من آن کس نکوخواه تست

که گوید فلان خار درراه تست

❀❀❀

نیکخواهان دهند پند ولیك

نیك بختان شوند پند پذیر

❀❀❀

هر که نقص خویش را دید و شناخت

اندر استکمال خود دو اسبه تاخت

❀❀❀

چونکه قبح خویش دیدی ، ای حسن

اندر آئینه ، بر آئینه مزن

❀❀❀

آینه کاو عیب رو دارد نهان

از برای خاطر هر قلتبان

آینه نبود ، منافق باشد او

این چنین آئینه را هرگز مجو

❀❀❀

مالش صیقل نشد آئینه را نقص جمال

پشت پا هر کس خورد درکار خود بینا شود

❁❁❁

هر کو دو دیده هیچ نبیند باتفاق

بهتر ز دیده‌ای که نبیند خطای خویش

❁❁❁

زان حدیث تلخ میگویم ترا

تا ز تلخیها فرو شویم ترا

تو ز تلخی چون که دل پرخون شوی

پس ز تلخیها همه بیرون شوی

درخاطر دارم که در کتابهای فیلسوف معروف آلمانی نیچه کلامی قریب بدین مضمون خوانده‌ام « بزرگترین دوست تو دشمن تست » و در تفسیر این گفتار شگفت آمیز دیدم نوشته‌اند که دوست حقیقی ما کسی است که معایب ما را بما بگوید و ما را از کارهای بد و زشت باز دارد و در حقیقت خاطرمان را بیازارد و ما را از کارهائی که دلپسند ماست مانع گردد و مثلاً اگر ما معتاد بتریاك هستیم ما را از تریاك محروم بدارد وچنانچه ما معتاد بدروغگوئی وتملق هستیم مارا بدین کار سرزنش نماید و خلاصه آنکه گرچه دوست ماست خیرخواه ما باشد و با ما معاملهٔ دشمن بنماید . بسیاری ازنویسندگان بزرگ نسبت بهموطنان خود بهمین طرز رفتار کرده‌اند و گاهی بزبان طعن و طنز و زمانی با لحنی شوخی آمیز و فکاهت ولی چه بسا با بیاناتی که شدت و حتی خشم باطنی را میرساند از معایب و نقایص آنها سخن رانده‌اند .

ازجمله نابغهٔ ادبی و نمایشنامه نویس بسیار بزرگ فرانسوی **مولی‌یر** (۱) که آثار گرانبهایش سرتاسر درحقیقت آئینهٔ عیب‌نمای هموطنانش است در مقدمهٔ یکی از نمایشنامه های خود «دبستان زنان» چنین نوشته‌است:

« تمام این پرده های اخلاقی لغو و مسخره آمیزی را که در صحنهٔ تیاترها نشان میدهند کلیهٔ هموطنان من باید بدون دغدغهٔ خاطر و آزار ضمیر تماشا کنند و بدانند که این پرده ها و توصیفها حکم آینه‌هائی عمومی را دارد که هیچکس نباید از مشاهدهٔ قیافهٔ خود در آن برنجد و ناراحت گردد و چنانچه کسی پیدا شود که ازین پرده‌ها و گفتارها ناراضی باشد و در صدد گرفتن ایراد برآید این خود علامت بارزی خواهد بود برعیب و نقص او ولاغیر » .

کتاب « **راه آب نامه** » با این جمله از قلم نویسندهٔ بزرگ روسیه **نیکولای گوگول** آغاز گردیده است که در مقدمهٔ کتاب مشهور خود **«ارواح مردگان»** آورده است و در مورد ما ایرانیان نیز صادقست:

« این کتاب را بدان نظر نوشته‌ام که معایب و نواقص (۲) ملت

۱ـ برای اطلاع بیشتری براحوال مولی‌یر رجوع شود بمقدمهٔ ترجمهٔ فارسی «خسیس، شمارهٔ ٤۷ از انتشارات بنگاه ترجمه و نشر کتاب، طهران ۱۳۳٦ش.

۲ـ می‌گویند چون جمع نقص در عربی **«نقائص»** است نه **«نواقص»** لهذا فارسی‌زبانان نباید کلمهٔ «نواقص» را استعمال کنند و البته استعمال کلمهٔ صحیح بر کلمهٔ ناصحیح ترجیح دارد ولی کلمهٔ «نواقص» بقدری درمیان ما شیوع یافته

بقیهٔ زیرنویس درصفحهٔ بعد

روس را نشان بدهم نه صفات حمیده و خصایل پسندیدهٔ اورا چون اگر کسی بخواهد تنها به نشان دادن چند نمونه از صفات بارزه و فضایل و ملکات اخلاقی روسها در کتابی اکتفا نماید تنها نتیجهٔ کارش این خواهد شد که اسباب تزیید خودپسندی و خودستائی و نخوت و کبر آن ملت را بی‌جهت فراهم سازد و بس » .

خرد بما می‌گوید که اگر ما تغییر رویه و اخلاق ندهیم و حاضر نشویم که وضع و احوال خودمان را با نظر انصاف و واقع بینی بسنجیم و درصدد اصلاح خود برنیائیم ممکن است کم کم درمیان مردم روز گار و ملتهای دنیای امروز و سازمانهای بین المللی و مجامع و محافل بزرگ و کوچک و همچنین در بازار معاملات و داد وستد جهانی و در جریانات همگانی اجتماعی و اقتصادی و سیاسی بدنام شویم و خدای نخواسته احیاناً کار بر سوائی بکشد و رفته رفته دیگر مارا در میدان فعالیتهای دنیا حریف جدی و مطمئن نشناسند و با ما رفتاری نمایند که با تاجر ورشکسته و بی‌اعتبار و بدقول و قرار می‌نمایند و بتدریج معاملات تجارتی و روابط مالی

است که شاید دیگر بتوان استعمال آن را جایز شمرد. در « ترجمهٔ تفسیر طبری » هم کلماتی از قبیل « بلک » بجای « بر گک » و « مزغ » بجای « مغز » و درجاهای دیگر کلمهٔ « کژر » بجای « گرز » و « بفر » بجای « برف » دیده شده است که شاید اصل این کلمات بدینصورت بوده است و یا لهجهٔ محلی از اینقرار بوده است ولی چون بمرور ایام « بر گک » و « مغز » و « گرز » و « برف » شایع و رایج گردیده است دیگر گمان نمیرود که بتوان ایراد بر استعمال آنها وارد ساخت و نباید تعصب بخرج داد.

و داد وستدهای خصوصی وعمومی ورسمی وغیر رسمی خودرا بامامحدود سازند وباسمااینکه در معاملات مرد امانت ودرستی وتدین نیستیم باکراه با ما معامله نمایند وحتی خواهی نخواهی مناسبات وروابط خودرا باما درتحت نظارت و مراقبت مخصوص قرار بدهند وحتی ممکن است چنان سلب اعتماد و اطمینانشان ازما بشود کهدر مواقع سختی وشدت و بدبختی و مثلاً درموقع سیل وزمینلرزه و قحطی و شیوع امراض و بائی ساری و واگیر ازبیم حیف و میل و اختلاس و بریزوبپاش و بردار و ورمال دیگر باین آسانیها بما کمک نرسانند و یا لااقل کمک و اعانه را بشرایط مخصوصی که برای ما مایهٔ آبرومندی نباشد مشروط سازند و اصولاً در درزمینهٔ سرمایه گذاری و مشارکتهای مالی بیش ازپیش خودداری روا دارند و خلاصه آنکه با نهایت متانت ونزاکت که نام دیگرش سیاست است دورمارا درباطنخط بکشند و خدای نکردهآن وقت است کهدیگر درمحاکم و مراجع و محاضر بینالمللی حرفها و ادّعاهای ما کم وزن و کم مقدار خواهد گردید وباما رفتارطفلصیغهای خواهند کرد وسرانجام بما تنها بدیدهٔ گاو شیرده نگاه خواهند کرد و اگر روزی دیگر شیری دربستان و پوستی بر روی گوشت و استخوانمان نمانده باشد و کفگیر استفاده به ته دیگگ خورده باشد ما را بالمره بخدا و سرنوشت خودمان سپرده فاتحهمان را بابی اعتنائی تمام خواهند خواند.

پسعقل بمامیگوید که ناچار باید درصدد رفع مفاسد خودبر آئیم وخودرا اصلاح نمائیم :

راه این کار چیست؟

باز عقل بما می‌گوید که قبل از همه چیز باید تشخیص بدهیم که دارای کدام معایب و نواقص و در واقع امراضی هستیم، یعنی باید به پزشك مراجعه نمائیم . پزشك ماهمین خودمانیها و بیگانگانی هستند که با حوال ما آشنا بوده‌اند و درحق ما سخنانی گفته و نوشته و امراض ما را شمرده‌اند. بلاشك تمام آنچه نوشته‌اند با حقیقت مطابقت ندارد و چه بسا ممکن است براه غلط رفته قضاوت ناروا نموده باشند . اما در هرصورت اطلاع یافتن بتمام این سخنان و این داوریها و این عقاید و آراء و این تشخیص‌ها اعم از درست و نادرست برای مقصودی که در نظر است لازم و واجب و اجتناب ناپذیر است و غـرض مجلهٔ «مسائل ایران» هم همانا جمـع آوری و عرضه داشتن این فتاوی و احکام است و این همین کاری است که تا اندازه‌ای در طی این مقالهٔ دور و دراز بعمل آمده است .

مولوی بلخی در همین معنی میفرماید :

« گفت من رنجش همی دانم ز چیست

چون سبب دانی دوا کردن جلی است »

« چون سبب معلوم نبود مشکل است

داروی رنج و در آن صد محمل است »

« چون بدانستی سبب را سهل شـد

دانش اسبـاب دفـع جهـل شـد »

❀❀❀

ابن‌مقفع (عبدالله) (متوفی درسنهٔ ۱۳۹ هجری‌قمری) درشرح مکارم اخلاق ایرانیان قدیم چنین نوشته است :

« ایرانیان دختران خودبه بیگانگان ندادندی ودختران بیگانه بزنی نخواستندی همه کس را بخانهٔ خود نان دادندی و بخانهٔ دیگر نان نخوردندی چون درحق کسی نیکی خواستندی که کردبا کسی مشورت نکردندی و چون در حق کسی وعده‌ای کردندی هر گزازآن برنگشتندی‌وچون کسی‌را بعطاونواخت خود مخصوص گردانیدندی هر سال آن وقت بدیشان دادندی. بکردار بیش بودندی که‌بگفتار. هر گز گناهکاران را عقوبت نکردندی مگر پس‌از آنکه خشم ایشان ساکت شده بودی..»

عمعق بخارائی قریب به نهصد سال پیش در وصف وطن و مردم وطنش گفته است :

یکی وادی‌ای چون یکی کنج دوزخ

در آن گنده مشتی خسیس و محقر

گروهی چو یک‌مشت عفریت عریان

بکنجی چـو گور یهـودان خیبر

سلب سایه و سنگ فـرش و غذا غـم

هنر فتنه و فخر شور و شـرف شر

چو نسناس ناکس ، چو نخچیر چیـره

چو یأجوج بی‌حد، چو مأجوج بی‌مر

همه غافل از حکم دیـن و شریعت

همه بی‌خبر از خـدا و پیمبر

چو دیوان بندی همه پیر و برنـا

چو غولان دشتی همه ماده و نر

بیک پاره نان شوکنند دیدهٔ زن

بیک استخوان زن خورد خون شوهر

همه دیوچهران و دیوانه طبعان

همه سگ پرستان و گوساله پرور

بهر زیر سنگی گروهی برهنه

خزیده بیکدیگر اندر سراسر

بیک روزه نان جمله درویش لیکن

بسنگ و سگ و بوق و بچه توانگر

الخ

مربی بزرگ ما شیخ سعدی سخنان بسیار درلزوم وفایدهٔ قبول

عیب گیریهائی که دیگران ازما می کنند دارد و دراینجا تنها بچند بیت

قناعت میرود که بعضی از آن در سرلوحهٔ این گفتار آمده است :

نصیحت کسی سودمند آیدش

که گفتار سعدی پسند آیدش

ز دشمن شنو سیرت خود که دوست

هر آنچ از تو آید بچشمش نکوست

ستایش سرایان نه یار تو اند

نکوهش کنان دوستدار تواند

بنزد من آن کس نکو خواه نست

که گوید فلان چاه در راه نست

هر آنکس که عیبش نگویند پیش

هنر داند از جاهلی عیب خویش

مگو شهد شیرین شکر فایق است

کسی را که سقمونیا لایق است

و بال است دادن برنجور قند

که داروی تلخش بود سودمند

چه خوش گفت آن مرد دارو فرش

شفا بایـدت داروی تلخ نـوش

❀❀❀

در تغییرات و تحولاتی که مرور ایام در اخلاق اولاد آدم بظهور میرساند **پاسکال** حکیم مشهور فرانسوی کلام شگفت انگیزی دارد .

فرموده است « دزدی وزنای بانوی القربا وقتل فرزند وپدر و مادر واعمال دیگری از همین قبیل روز و روزگاری در نزد پاره‌ای از مردم و اقوام جزو اعمال نیك و افعال ثواب و پسندیده بشمار می‌آمده است » .

نعیم شاعر سدهی (اصفهان) متوفی در سال ۱۳۰۴ قمری قطعهٔ
مفصلی دارد که این دو بیت از آن در اینجا نقل می گردد .

(هرچند این دارو در حق بسیاری از مردم دنیا صدق میکند و
اختصاص بمردم ایران ندارد) :

خیالشان همه کوتاه و چشمشان همه تنگ

فنونشان همه وهم وشئونشان همه دون

مقال این حکما چیست ، جملگی مشکوك

کلام این جهلا چیست ، سر بسر مظنون

در همین اواخر کتابی خطی بدستم افتاد که در حدود صد سال
پیش برشتهٔ تحریر درآمده است و اسم مؤلف وعنوان کتاب درست بدست
نیامده و همینقدر معلوم گردید که مؤلف ایرانی و از اهل علم است و
خود را سیاح می‌خواند واز ظلم وستم دستگاه حکومت وملانمایان ریا کار
مینالد. وی درحق هموطنان خود سخنان بسیار دارد واز آن جمله است:

« .. این منافقی چنان جبلی بعضی ازاهالی این ملك شده که
گوئی طبیعت وطینت ایشان را باهمین خلقت سرشته‌اند و حسودی
وعنودی و مزوری و هیزی نیز چهار عناصر و ارکان اربعه این
خصلت هستند و بهمین علت است که این ملت پیوسته مبتلا به
زحمت وذلت است ودو نفر باهم متفق و موافق نیستند و نمیشوند
واز کثرت نفاق وعدم وفاق واتفاق است که فقیر وذلیل شده‌اند
چنانکه شش ماه باهم شراکت و رفاقت می کنند و شش سال

شغلشان را منحصر بادعا و مرافعه و عداوت مینمایند و رسم رأفت والفت بکلی از میان برداشته شده وبنای اذیت و آزار همدیگر را گذاشته اند ودر حق ّهم از ظلم وستم ذره ای فرو گذار نمی کنند .»

مصطفی فاتح در مقدمهٔ کتاب خود «پنجاه سال نفت ایران» درباب مراجعت خود بایران پس از پایان تحصیل و در صدد پیدا کردن کار و شغلی مناسب چنین نوشته است(۱) :

«... اما اندیشه های دور ودراز من بیکبار دود شد وبهوا رفت زیرا وزیر مالیه ومنشی مخصوص او ورئیس کار گزینی وزارتخانه و همهٔ اشخاص مربوط دانشنامه و پایان نامــه و تحصیلات و معلومات من و نیازمندی کشور را بهیچ انگاشته صاف وپوست کنده گفتند که مقام پیشکاری فارس و اصفهان و یزد برای تو در نظر گرفته شده ولی هر یك ازیــن پیشکاریها بترتیب بیست هزار و ده هزار و پنج هزار تومان پیشکشی میخواهد ، باید این مبلغ را بپردازی و بمقر مأموریت بروی واضعاف مضاعف آنرا وصول کنی وپیشکشهای بیشتری تقدیم داری وپیشکاریهای بهتری دریابی تا کم کم بمقام منیع وزارت برسی واگر استعداد بیشتری بخرج بدهی شاید نخست وزیر هم بشوی . نیازی بده وفیضی ببر و دانشنامه و پایان نامه را در ماوراء مرزهای ایران

۱ـ این مطالب مربوط است به چهل وچند سال پیش .

بگذار و کیسهٔ زر همراه بیار !»

سپس مؤلف معاون ادارهٔ مرکزی شرکت نفت ایران و انگلیس در طهران میشود(۱) و باز درین خصوص چنین مینویسد :

«... من تماس بیشتری با رجال خودمانی پیدا کردم و بتحقیق دانستم که بیشتر طبقهٔ حاکمهٔ ایران از وزیر و وکیل و نامه‌نگار و رجال و سیاستمداران وغیره وغیره همه ازقماش وزیر دارائی هستند . میهن ودین ووجدان برای آنها پشیزی ارزش ندارد . معبود و مقصود آنها زر و زور است و هر کس مقاصد پلید آنها را تأمین کند بندهوار در خدمتش میایستند و دروغ و تقلب و ریاکاری ، آن هم باسلوب شرقی ، سرمایهٔ زندگی ومحصول مکتب فاسد این طبقه میباشد ... درین مدت کسانی را دیدم که در لباس آزادیخواهی دلالی سیاسی میکردند و اشخاصی را شناختم که حاضر بودند منافع کشور خودرا فدای پول نموده از هیچگونه پستی و فرومایگی رو گردان نباشند.»

ابیات ذیل استخراج از اشعار شاعر جوان ما **ارسلان پوریا** واز کتاب او **«سرود آزادی»** است که در طهران در سال ۱۳۴۰ شمسی بچاپ رسیده است :

. . . . »

« . . . .

«این زمین سبز اگر زرتشت را پرورده است

از چه رو افتاده در چنگ پلیدان این زمان،

«هر گداطبعی که در کشورفروشی‌ها یدداشت

درشبستان حکومت گوشه‌ای گسترده‌خوان،

«تا بساید خاک پای آهریمن را بچشم

زیر پای آورده دوران از خیانت نردبان،

«کلهٔ مردم چریدن را گرفته راه خویش

دست در دستند گرگان گرسنه با شبان،

(از قطعهٔ «گو عقاب‌آسا بجنبد»)

✿ ✿ ✿

. . . .»

«. . . . .

«این خون آن خورد بهزار افسون

وان قلب این درد بدو صد پیکان،

«چون بامداد سر زند از خاور

مردان گرگ خیم سیه دندان،

«از بهر سود خویش کمر بندند

تا بر کنند کشوری از بنیان،

«گفتارشان تباه و فریب انگیز

کردارشان گناه و پر از دستان،

«صدرنگ و خودفروش و سیاست باف

دزد چشم و هرزه گستر و بد پیمان »

«اینگون به شیوه‌های دروغ آمیز

یك بر دگـر زنند بسی بهتان »

(از قطعهٔ « کلایه»)

✿ ✿ ✿

«. . . . .»

«. . . . .»

«اگر آسمان را خدا و بلائی است

همینند گویـا بلای خدائی »

«بهنگام نیرو ستمکار و سرکش

بگاه هزیمت چو نالان گدائی »

«تو گوئی که این بدسگالان دون را

دل اهرمن میکند رهنمائی »

«دم پای مردم بره چاه کندن

گرفتن سر چه برنگ و ریائی »

«همیشه در اندیشهٔ بد نشستن

که تا کی ببندند دامی بپائی »

«نه از مردمی قلبشانرا فروغی

نه بر دوستی طبعشان را هوائی »

«چو با هم نشینند بر قصه گوئی

زبان میگشایند برخودستائی»

«که آن بی گنه را چسان دل دریدم

چگونه زدم آتش اندر سرائی»

«هنرشان همان درد مردم فزودن

بافزارها بند مفصل گشائی»

«ندیدست کس خوی مردم ازیشان

ندارند در دل مگر زشت رائی»

«بمیرند اگر این شکنجه پرستان

سرودی سرائیم بر همصدائی»

«که ننگ است بر دامن نسل انسان

وجود چنین مردم ناسزائی»

(از قطعهٔ «بمیرند اگر این شکنجه پرستان»)

تقی دانش (مستشار اعظم متوفی در ۱۳۲۶ شمسی) در خصوص

بزرگان و اعیان ایرانی گفته است :

« بـوقت کار در وزر و بالند

بگاه عزل در فکر و خیالند»

« به نصب اندر پی جرّ تنعم

بعزل اندر پـی رفـع تظلم»

سرآغاز

اکنون میرسیم بآنجائی که ببینیم بیگانگان درحق ما ایرانیان چه گفته‌اند و چه میگویند . روی هم رفته بدگوئیهایشان بخوبیهائی که گفته‌اند میچربد و زیاد هم میچربد ولی نباید فراموش کرد که عموماً درتماس با بیگانگان آنچه برما بیشتر محسوس میگردد وجلب توجه مینماید عموماً چیزهائی است که با عادات و رسوم وطبع و سلیقهٔ ما مخالف و ناساز گار و ناگوار می‌آمد و ازاینکه در میان پاره‌ای از عادات و رفتار و کردار و طرز فکر وعمل ما بافرنگیها (چنانکه در قسمت اول همین مقاله باتفصیل بیشتری مذکور افتاده است) تفاوت بسیار است حرفی نیست و لهذا نباید زیاد اسباب تعجب ما گردد که چون با ما آشنا میشوند طرز رفتار ما گاهی باصطلاح بآنها «برمیخورد» وچه بسا بدون آنکه فرصت ومجال وحوصله و حتی گاهی قدرت دقت و تعمق بیشتری داشته باشند در قضاوت زیاد عجله بخرج میدهند و بشتابزدگی در تحت همان تأثرات ابتدائی آنچه را در دل دارند بروی کاغذ می‌آورند . البته اگر ما آدمهای منصف و حقیقت پروری باشیم وبراستی در صدد اصلاح و تهذیب خود باشیم باید تصدیق نمائیم که مقداری از گفته‌های آنها چندان بی‌اساس هم نیست و گاهی (ولو بندرت هم باشد) از روی بی‌غرضی و حتی گاهی از روی خیرخواهی است .

✿✿✿

محتاج بتذکر نیست که گذشته از مطالبی که بقلم نکته‌سنج آقای دکتر **شادمان** درشمارهٔ اول بهمن امسال **«مسائل ایران»** نقل شده‌است داستان‌سرایان طراز اول مـا و پیش از همه شادروان **صادق هدایت** و شادروان **محمد مسعود** (دهاتی) و پیش کسوتان دیگر مانند **محمد حجازی** و **علی دشتی** و **بزرگ** و **علوی** و **صادق چوبك** و صاحب قلمهای نامدار ما نیز در کتابهای خود مطالب بسیاری درخصوص اخلاق هموطنان خود نوشته و گوشزد کرده اند که هرچند جمع‌آوری آن خاصه از لحاظ علم اجتماع و تحقیقات روانشناسی و اخلاقی متضمن فواید بسیار است ولی چون محتاج بمطالعهٔ دقیق تمام آثار آنهاست و متأسفانه نقداً اسباب چنین مطالعهٔ دقیقی (بهتر است بگویم مرور مکرر آنها چون تصور نمیرود که هیچیك از آثار آنها را نخوانده باشم) برایم مقدور نیست از نقل آن صرف نظر شده است و امید است که جوانان با ذوق وهمت ودانش پژوه ما این‌کار مفید و دلپذیر را از‌عهده بر‌آیند.

✿✿✿

عقاید و آراء بیگانگان رادرحق ما ایرانیان میتوان بچهار قسمت تقسیم نمود از قرار ذیل :

اول : آنچه قدیمیها از یونانیان و رومیان و غیر هم در حق مـا گفته‌اند .

دوم : آنچه اشخاص غیر فرنگی از ترك و عرب و تاتار گفته‌اند.

سوم : آنچه فرنگیها در این قرنهای اخیر گفته‌اند .

چهارم : آنچه اشخاصی از خود ما ایرانیان درحق هموطنان نمان

گفته‌ایم .

در صفحات بعد از هر یك ازین قسمتهای چهار گانه نمونه هائی

نقل میشود :

آراء و عقاید بیگانگان در حق ما ایرانیان
(قسمت اول)
(پاره‌ای از آنچه یونانیان و رومیان وغیرهم درحق ما گفته‌اند)

یونانیان با آنکه با ایرانیان دشمنی داشتند و درجنك بودنددر

حق ایرانیان معاصر خود و بخصوص پادشاهان بزرك ما سخنان تمجید ـ

آمیزی دارند که برای اطلاع بدان باید بکتاب مستطاب « یونانیان و

بربرها » تألیف آقای میر مهدی بدیع که ترجمهٔ فارسی آن بقلم آقای

احمد آرام در دست طبع است مراجعه نمود .

(۱)

کلام **هرودوت** ابوالمورخین در بارهٔ پارسیان عهد هخامنشیان

معروفتر از آنست که محتاج بتذکر باشد . وی پنج قرنی پیش ازمیلاد

درحق نیاکان نامدار ما گفته است که تربیتی که پارسیان بزرك بفرزندان

خود میدادند قبل از همه چیز عبارت بوده است از سه چیز :

اول : راست گفتن .

دوم : سواری بر اسب .

سوم : تیراندازتن .

ـ۲ـ

پلموت شاعر رومی در حدود دو قرن قبل از میـلاد مسیح در حق ایرانیان گفته‌است :

‹Servam Operam Linguam Liberam›

یعنی « درعمل بنده و اسیرند و درقول وحرف آزاد » .

ـ۳ـ

مورخ معروف رومی **آمی ین مارسلین** که درقرن چهارم میلادی میزیسته در کتاب خود ایرانیان را بقرار ذیل توصیف نموده‌است :

« ایرانیان تقریباً تمام کشیده قامت هستند . رنگشان زیتونی یا تیره است . نگاهشان تیز و شبیه است به نگاه بزغاله . ابروانشان قوسی است ودر وسط پیشانی بهم میپیوندند. ریششان موردمواظبت مخصوصی است ومو های بلندومجعدی دارند. بینهایت محتاط وسوء ظنی هستند بطوری که ازترس مسموم شدن وجادو وقتی درخارج از کشورخود درخاک دشمن هستند حتی ازمیوهٔ درختان هم نمی‌خورند . عموماً دستبند و گردنبند طلا دارند وبا احجار کریمهٔ قیمتی ومخصوصاً مروارید خودرا می‌آرایند. مدام شمشیری بکمر دارند و حتی در مجالس میهمانی و جشن نیزآنرا باز نمی کنند . خیلی پر گو و خودستا هستند بسیار

سخت و دژم هستند و چه در موقع کامکاری و چه در اوقـات مصیبت همیشه لفظ تهدید و تخویف بر لب دارند . مکار و متکبر وبیرحمند . راه رفتنشان خیلی سنگین و موقر و طبیعی ورروان است . بهترین جنگجویان دنیا هستند ولی در کار جنگ خدعه و مهارتشان بیشتر از شجاعتشان است . در جنگ دورادور یعنی درجنگ باتیر و کمان کسی حریفشان نمیشود . رویهم-رفته با جرئتند و خستگی را بآسانی تحمل می کنند . نسبت بغلامان و زیردستان و مردم خرده پا باستبداد رفتار می کنند و خود را مالك و صاحب اختیار جان و مال آنها میدانند . نوكران و گماشتگانشان حق ندارند درحضور آنها لب بسخن بگشایند . درزمینهٔ عیش ونوش و عیاشی و رابطه با زنان هیچ حد و اندازه نمی‌شناسند . بزرگانشان عمر خودرا بسواری و اسلحه بازی وجنگ وشکار و عیش ونوش ونشست و برخاست با زنان میگذرانند » .

(قسمت دوم)

پاره‌ای از آنچه اشخاص غیرفرنگی

از ترك و عرب و تاتار درحق ایرانیان گفته‌اند :

ــ۱ــ

متنبی شاعر مشهور عرب درحق ما ایرانیان گفته است :

« لا ادب عندهم و لاحسب

و لا عهود لهم و لا ذمم »

« بکــل ارض و طئتها امم

تــرعی بعبد کانها غنم »

« یستخشن الخز حین یلمسه

و کان یبری بظفرة القلم »

که ترجمهٔ آن تقریباً ازاینقرار است :

« نه ادب دارند و نه حسب ونه عهد و پیمان سرشان میشود و
نه از بدیها بیمی دارند . بهرخاکی پا نهادم طوایفی از آنها
را دیدم که مانند کلهٔ گوسفند در زیر فرماندهی بنده‌ای بسر
میبردند ، بنده‌ای که می‌توانست با ناخن قلم بتراشد اما همین
که دستش بپوست خز میخورد می گفت خشن است »

‏-۲-

عجبا که حتی **غازی غرای خان تاتار** از دودمان چنگیز نیز که

در مملکت قرم (کریمهٔ کنونی در شمال دریای سیاه) سلطنت داشت و

در موقع جنگهای صفویه با عثمانی به عثمانیها کمک کرد و دستگیر شد

و هفت سال تمام در قلعهٔ قهقهه محبوس بود از همان گوشهٔ زندان نظر خود را

دربارهٔ مملکت ما بدین طرز بیان نموده است :

« تا بوده غم وشادی و حرمان بوده

زینگونه گذشته تا که دوران بوده»

« ما تجربه کردیم که در ملک شما

راحت همه در قلعه و زندان بوده »

‏-۳-

روشنی بیك از صاحب منصبان ترکیه در سخنرانی که در «کانون

ترك» در چهل سال پیش نمود و «یکی مجموعه» مجلهٔ ترکی منطبعهٔ استانبول

در شمارهٔ ۲ اوت ۱۹۲۳ میلادی خود آنها را درج نمود و بعداً در مجلهٔ

«ایرانشهر» منطبعهٔ برلن هم در شمارهٔ ۷ ربیع‌الاول ۱۳۴۲ هجری قمری

در تحت عنوان « عقیدهٔ عثمانیها در بارهٔ ایرانیان » نقل گردید مطالب

بسیاری دربارهٔ ما و مملکت ما گفته که از آنجمله است :

« . . . . . ملت فارس را بداخلاقی بنام دین زبون ساخته است .

آخوندها قهارترین و قوی ترین سلاح فارسها شده‌اند ۷۱

دخانیات و تریاك وسایر زهرهای خواب آور مردم این مملکت

را بحال یك گله استخوان و « اسكلت » متحرك در آورده است.
دخترها در سه سالگی توی چادر چاقچور میروند و در هشت
سالگی با مردهای چهل ساله زناشوئی می كنند و پیش از زن
شدن از چند شوهر طلاق می گیرند و بالاخره در بیست و بیست
و پنج سالگی تریاك می خورند و هلاك می شوند .... در طهران
دویست هزار نفوس است و بنا باحصائیات دكترهای خارجی واطبای
مریضخانه های بلدیه در طهران تنها تاسی هزار نفر مبتلای سفلیس
هستند و نصف سكنهٔ شهر گرفتار امراض مسریه و امراض ناشی
از فحشا می باشند فارسها بسیار دروغگو و دزد هستند . پدر
از فرزند و فرزند از پدر و زن از شوهـر می دزدد و حتی آن
آمریكائی كه برای اصلاح مالیه بایران آورده بودنـد پس از
دعوت بآمریكا بیك روزنامه نویس چنین گفته بود : « مملكتی
كه ده ملیون دزد دارد چگونه می تواند اصلاح بشود ».

پاره‌ای از آنچه فرنگیها در این قرنهای اخیر

در حق ما ایرانیان گفته‌اند

جیمس موریه انگلیسی در کتاب « سیاحت ایران و ارمنستان و آسیای صغیر و استانبول » که ترجمهٔ فرانسوی آن در سال ۱۸۱۳ میلادی در پاریس (در ۳ جلد) بچاپ رسیده است در باب اخلاق ایرانیان یک قرن و نیم پیش از این (زمان فتحعلی شاه قاجار) چنین می‌نویسد :

« در تمام دنیا مردمی به لاف زنی ایرانیان وجود ندارد . لاف و گزاف اساس وجود ایرانیان است . هیچ ملتی هـم مانند ایرانیان منافق نیست و چه بساهمان موقعی که دارند با تو تعارف میکنند که باید از شرشان درحذر باشی. ایرانیان تا دلت بخواهد حاضرند بتو قول و وعده بدهند که اگر احیاناً اسبی، مزرعه‌ای، خانه‌ای و یا هر چیز دیگری را در حضورشان تعریف و تمجید نمائی فوراً می‌گویند تعلق بخودتان دارد وعیب دیگری هم که دارند دروغگوئی است که از حد تصور خارج است . یکی از وزرا بیکی از اعضای سفارت فرانسه می گفت « ما در روز پانصد بار دروغ می گوئیم و باوجود این کارمان همیشه خراب است.»

همین مؤلف در جای دیگر از همین کتاب چنین گفته است :

« ایرانیان لبریزند از خودپسندی و شاید بتوان گفت که در تمام دنیا مردمی پیدا نشود که باین درجه بشخص خـودشان اهمیت بدهند و برای خودشان اهمیت قایل باشند » .

قضاوت **گوته** شاعروحکیم بزرگ آلمان دربارۀ ایرانیان درمقدمۀ کتاب « دیوان شرقی» او ازاین قراراست:

« این خصلتهای عالی (خصلتهائی که قبلاً درحق شعرای بزرگ ایران شمرده است) تنها تعلق به شعرای این کشور ندارد بلکه میتوان گفت که اصولاً تمام افراد ملت ایران آدمهائی با ذوق ونکته سنج ونکته دان وهوشمندند .... ذوق و شوری که خلاق واقعی شعر و هنر است در روح این ملت بحداعلا بوجود دارد.»(۱)

پرفسور براون اشاره بشجاعت ذاتی ایرانیان در « تاریخ ادبیات ایران » (جلد چهارم ، صفحۀ ۱۴۱ از ترجمۀ فارسی) مینویسد :

«... اما ازآنجائی که ایرانیان بالفطره شجاع و طالب شنیدن سرگذشت ابطال و قهرمانان هستند توجهی برسالات تـاریخی [بقلم مجتهدین بزرگ شیعه از قبیل مجلسی وغیره که برای جلوگیری از مبالغۀ شدید و غلو کفر آمیز عـوام الناس (۲)

۱ـ بنقل ازدیوان شرقی ، ترجمۀ شجاع الدین شفا ، طهران۱۳۲۸ ش . صفحۀ ۳۰ .

۲ـ در بارۀ وقایع روزعاشورا وشهادت حضرت امام حسین علیه السلام.

زحمتها کشیده و رسالات سادهٔ عوام فهم بفارسی نوشته‌اند و هموطنان را از حقایق آگاه کرده‌اند تا اطلاع از ماوقع منحصر بطلاب زبان عربی یا فقها نباشد] و این وقایع را با آب و تاب بسیار روایت کرده‌اند .»

و همو در جای دیگر همین کتاب (صفحهٔ ۱۴۱) نوشته :

« اشخاصی که از خواندن کتاب « حاجی بابا » تألیف موریه گمراه شد و ایرانیان را کم جرأت و جبون پنداشته انداز حقیقت بس دورند » .

پرفسور براون در کتاب خود « یك سال در میان ایرانیان »

مینویسد :

« شبی که باید فردای آن از طرابوزان حرکت کنیم یك معدن ـ شناس بلژیکی در مهمانخانه با ما آشنا شد . او از ایران میآمد و صحبتهائی که راجع بایران میکرد تولید دلسردی مینمود و از جمله میگفت که من در بسیاری از ممالك گردش کرده‌ام و در هر ملتی معایبی یافتم ولی ملتی وجود نداشت که در قبال معایب دارای محاسنی نباشد لیکن در ملت ایران هیچ صفت نیکوئی ندیدم . معدنشناس بلژیکی میگفت که یکی از معایب بزرگ ایرانیها این است که ظاهر و باطن آنها با یکدیگر فرق دارد و در حالی که ظاهراً اظهار خصوصیت میکنند در باطن دشمن انسان هستند و مثلاً ظاهراً میگویند

من دوست صمیمی شماهستم ولی درهمان موقع اگر شما فوت کنید کوچکترین تأثری بآنها دست نمیدهد . میگفت یکی از جملاتی که خیلی بین ایرانیها معمولست این است که غالباً بجان یکدیگر قسم میخورند و میگویند بجان عزیز شما ویا بمرگ شما و اینطور نشان میدهند که وجود شما برای آنها گرانبهاترین چیزهاست وحال اگر پشت بکنیدشروع ببد گوئی خواهند کرد وده عیب برای شماپیدا خواهند نمود وحتی‌مضایقه ندارند که درغیاب شما بشما ناسزا بگویند ».

—۱—

سیاح دانشمند هلندی موسوم به کورنی لوبروین که درسالهای اول قرن ۱۸ میلادی در ایران سیاحت نموده است در کتاب خود بزبان هلندی که « سیاحت از راه مسکو با ایران وهند شرقی» نام دارد و ترجمهٔ فرانسوی آن در سال ۱۷۴۵ در پاریس بطبع رسیده است (۱) در وصف بعضی از سلاطین صفوی مینویسد :

« حکومت شاهانهٔ ایران یکی از مستبدترین حکومتهای جهان است . پادشاه در اعمال و افعال خود جز ارادهٔ سنیه و مشیت شخصی‌خود هیچ‌گونه اصول وقاعده‌ای را نمیشناسد و شایدتنها درداخلهٔ کشور درامورمذهبی‌اختیارات او اند کی‌محدودباشد. حیات و ممات و دارائی تمام اهل مملکت بدون استثنا کاملاً

____

۱ـ اصل هلندی کتاب درسال ۱۷۱۱ در دوجلد بچاپ رسیده است.

در ید قدرت اوست . پادشاه درحرمسرای همایونی بدنیامیآید
ودر میان همان چهار دیواری بزرگ میشود ومانند گیاهی که
از نور وحرارت آفتاب محروم باشد هیچگونه تعلیم و تربیتی
که در خور پادشاهان باشد نمییابد و از دنیا و مافیها بالمره
بیخبر میماند . همین که بسن وسالی رسید او را بخواجهای
میسپارند که باسم « لله باشی » مربی و معلم او میگردد و
خواندن ونوشتن را باو میآموزد وسائل دینی را باو یادمیدهد
و ضمناً کرامات و معجزات پیغمبر اسلام رانیز برایاوحکایت
مینماید وتا بحد افراط کینه وبغض اورا برضد ترکهای سنی
مذهب برمیانگیزاند و باو چنین میفهماند که دشمنی با این
قوم در حقیقت طاعت پروردگار است . جای تأسف است که
ابداً علم تاریخ و علم سیاست را باین شاهزادگان نمیآموزندو
گوش آنها را باکلمات تقوی و پرهیز آشنا نمیسازند وبلکه
بمنظور اینکه فرصتیبرای تفکر و تعمق در امور وقضا یا پیدا
نکنند از همان سن جوانی او را در میان زنان میاندازند و
دروازههای عیش ونوش وهوی وهوس را بروی او میگشایند و
وباین هم اکتفا نکرده اورابخوردن تریاك و نوشیدن کوکنار
معتاد میسازند وحتی کوکنار را با عنبر و ادویهٔ دیگرمخلوط
میکنند که نشئهٔ آن زیاد تر شود و برقوهٔ باه بیفزاید.استعمال
این مکیفات و مخدرات کم کم موجب سستی و رخوت کامل

میگردد بطوری که پنداری اشخاصی که بدان معتادند ازین عالم یکسره بدرند .

« زندگی شاهزادگان صفوی بهمین منوال میگذرد تا روزی که شاه بمیرد و نوبت سلطنت بآنها برسد . آنوقت آنها را از حرمسرا بیرون میآورند و برتخت سلطنت مینشانند و در تمام دربار در مقابل آنها بخاك میافتند و اطاعت و انقیاد خود را عرضه میدارد . شاه جوان درابتدا ماندآدمی که هنوز درست از خواب بیدارنشده است مدتی مات ومتحیر و گیج است ولی رفته‌رفته بخود میآید و چشم‌میگشاید وبنای سلطنت رامیگذارد اطرافیان اوهم ابداً درصدد نیستند که اورا براه صلاح‌هدایت نمایند بلکه تمام همشان را مصروف میدارند که شاه جوان‌را خوش آید و خودشان را در نظر او عزیز نمـایند . از طرف دیگر سعی دارند که حتی المقدور پادشاه از اوضاع واقعی مملکت بی خبر بماند و بکار‌های سلطنت نپردازد و حتی وزیربزرگ که او را اعتماد الدوله میخوانند هر وقت مطلبی داشته‌باشد منتظر میشود تاشاه قلیان‌بدست‌سر کیف وحال‌باشد، آنگاه قربان ، قربان گویان مطلب خود را که اغلب مربوط بمنافع شخصی او ویا دوستان و کسان و بستگان اوست باسم مصالح عالیهٔ کشور بعرض میرساند و بزور چاپلوسی کار خود را ازپیش میبرد . »

این تفصیل دربارهٔ دربار سلاطین صفوی مفصل و آموزنده است ولی برای پرهیز از اطناب در اینجا بهمین اندازه قناعت میرود .

—۲—

شاردن سیاح فرانسوی بسیار مشهور که در عهد صفویه مکرر بایران مسافرت نموده و سالها درمملکت ما اقامت داشته و سیاحت نامهٔ او در ایران دارای شهرت بسیار است و باغلب زبانها ترجمه شده است درباب اخلاق هموطنان ما چنین نوشته است :

«ایرانیان بیش ازهمه چیز دلشان میخواهد زندگی کنند و خوش باشند. آن سلحشوری سابق را ازدست داده‌اند و تنها چیزی که از دنیا میفهمند عیش است و نوش و هیچ باور ندارند که عیش و عشرت و نشاط را در حرکت و تکاپو و در کارهای خطرناك و پرزحمت هم میتوان بدست آورد . ازین گذشته ایرانیان بسیار مخفی کار و متقلب و بزرگترین متملقین عالم هستند و در دنائت و وقاحت هم بی‌همتا میباشند . بغایت دروغگو هستند و کارشان همه بر گوئی و قسم و آیه است و برای اندك نفعی حاضرند بدروغ شهادت بدهند . وقتی از کسی پولی یا چیزی قرض میگیرند پس نمیدهند و بمحض اینکه دستشان برسد خودی و بیگانه را فریب میدهند و با او بدغل معامله مینمایند . درخدمتگزاری عاری ازصداقت هستند و درمعاملات درستی نمیفهمند و چنان در خدعه و فریب مهارت دارند که محال است انسان بدامشان نیفتند.»

ـ۳ـ

ولتر نویسندهٔ دانشمند معروف فرانسوی در بارهٔ مشرق زمینی ها که ما ایرانیان نیز از آنجمله هستیم چنین گفته است :

« مشرق زمینی‌ها تقریباً همه بنده وغلام بوده‌اند و از خصایص بندگی و بردگی یکی‌هم این است که در همه چیز با اغراق ومبالغه سخن میرانند و بهمین ملاحظه علم بیان وفن فصاحت آسیائی مهیب ووحشتناک بود » .

ـ۴ـ

شاهزادهٔ روسی **الکسی سولتیکوف** که صد سال پیش در ایران مسافرتی کرده در کتاب سیاحت نامهٔ خود در باب مــا ایرانیان چنین نوشته است :

« درستی صفتی است که در ایران وجود ندارد و همین خود کافی است که این مملکت در نظر خارجیان نفرت انگیــز بیاید ...... دروغ بطوری در عادات ورسوم این طبقه [طبقهٔ نوکر وکاسب ودکاندار] از مردم ایران (و میتوان گفت تمام طبقات) ریشه دوانیده است که اگر احیاناً یک نفر از آنها رفتاری بدرستی‌بنماید و یا بقول و وعدهٔ خود وفا نماید چنان است که گوئی مشکل‌ترین کار دنیا را انجام داده است و رسماً ازشما جایزه و پاداش و انعام توقع دارد . . »

ـ۵ـ

دانشمند معروف انگلیسی ژ . راولینسون در کتاب معروف خود « سلطنتهای پنج گانهٔ بزرگ عالم مشرق زمین » در بارهٔ ایرانیان قدیم کفته است :

« ایرانیان قدیم ابداً کمکی بترقی علم و دانش ننموده‌اند . روح وقریحهٔ این قوم هیچوقت با تحقیقاتی که مستلزم صبر و حوصله باشد با تجسسات و تتبعات وکاوشهای پرزحمتی که مایهٔ ترقیات علمی است میانه نداشته است . ایرانیان که طبعاً مردمی سبك و جلف و بازیگوش و زیاد تند وهوسران هستند برای اینگونه کارها ساخته نشده‌اند و بصداقت طبع این نوع کارهای علمی را به بابلیهای پرحوصله و برکار وبه یونانیان صاحبفکر و فاضل واگذار میکردند چنانکه دارالعلمهای مشهوری مانند دارالعلمهای الرها وبورسیپا وملیطوس با آنکه هرسه درقلمرو خاك ایران ومرکز علم ومقصد دانشمندان جهان بود خود ایران را جذب نمیساخت و نه تنها اسباب تحریض بفضل و کمال نگردید بلکه مورد توجه آنها نیز بهیچوجه قرار نگرفت . ایرانیان از آغاز تاپایان سلطنت و عظمتشان ابداً التفاتی به تحصیلات علمی نداشتند و تصور مینمودند که برای ثبوت اقتدار معنوی خودهمانا نشان دادن کاخ شوش و قصرهای

تخت جمشید و دستگاه عظیم سلطنت و جهانداری آنهـا کافی خواهد بود .»

۶-

سرجان ملکم که ذکر او درآغاز این گفتار آمده است در کتاب معروف خود « تاریخ ایران » دربارهٔ استملاک ایران چنین نوشته است : « وسایلی را که ملت ایران برای استقامت در مقابل تجاوزات بیگانگان دارد نباید حقیر شمرد . این وسایل اغلب موانع طبیعی است که برای ازمیان برداشتن آن مدت زیاد و تغییرات و تبدیلات عمده لازم است . پیش از آنکه قسمت بـزرگی از ساکنین این مرز و بوم را بتوان مطیع و منقاد ساخت باید اول آنها را با تمدن آشنا ساخت و الا نه خاک این سرزمین و نه محصولات آن بدان میارزد که کسی درصدد استملاک و تصرف آن برآید . هر دولت اروپائی که درصدد تسخیر ایران برآید نظر باوضاع داخلی این مملکت ودر اثر روابط طبیعی و مناسبات جاریه ای که بین دولت با وحشی ترین و جنگجوترین ملتهای آسیا بوجود خواهد آمد خود را بزودی با اوضاعی بس وخیم مواجه خواهد دید و عجب آنکه این وخامت و اشکال در آن روزی که همه تصور خواهند نمود که کارها فیصله و انجام یافته است بیشتر از روز اول خواهد بود ».

ملکم این عقیده را درهمان کتاب «تاریخ ایران» خود بیان کرده

است و معلوم است که در آن تاریخ هنوز معادن نفت ایران مکشوف
نگردیده بوده است .

ـ۷ـ

از جمله اروپائیهای بسیار معدودی که مشهور است ایران و ایرانیان
را خوب شناخته‌اند . گوبینو دیپلومات و دانشمند مشهور فرانسوی است
که دوبار در ایران مأموریت سیاسی داشته (مرتبهٔ اول سه سال از ۱۸۵۵
تا ۱۸۵۸ میلادی و مرتبهٔ دوم یکسال از ۱۸۶۱ تا ۱۸۶۲م .) و دارای
تصانیفی چند در بارهٔ مملکت ما میباشد . وی در کتاب خود موسوم به
« سه‌سال در ایران » عقایدی در باب ما ایرانیان نوشته که از آنجمله‌است :

« ایرانیها تمام آنچه را که عربها از فهم آن عــاجزند میفهمند و
هوش آنان هر معنائی را درمییابد . چیزی که هست فهم و شعور
ایرانیها استوار نیست و قوهٔ تعقلشان اندکست ولی آنچیزی
که بیشتر از همه چیز ایرانیان فاقد آن هستند وجدان است».

✧✧✧

در جای دیگر میگوید :

« زندگانی مردم این مملکت عبارت است سرتا پا از یک رشته
توطئه و یک سلسله پشت هم اندازی . فکر و ذکر هر ایرانی
فقط متوجه این است که کاری را که وظیفهٔ اوست انجام ندهد
ارباب مواجب گماشتهٔ خود را نمیدهد و نوکرها تا بتوانند
ارباب خود را سرو کیسه میکنند . دولت یا اصلا حقوق بــه

مستخدمین خود نمی‌دهد و یا وقتی هم می‌دهد کاغذ و سندمی‌سپارد
ومستخدمین هم تمام سعی و کوششان درراه دزدیدن مال دولت و
اختلاس است. از بالا گرفته تا پائین درتمام مدارج وطبقات این
ملت جز حقه بازی و کلاه برداری بی‌حد و حصر و بدبختانه
علاج ناپذیر چیز دیگری دیده نمی‌شود وعجیب آنکـه این
اوضاع دلپسند آنان است و تمام افراد نـاس هر کس بسهم خود
از آن بهره‌مند و برخوردار است و این شیوهٔ کار وطرز زندگی
رویهم‌رفته از زحمت آنان میکاهد و برای آسایش و بیکاری و
بیعاری میدان فراخی برای آنها فراهم میسازد و رفته‌رفته این
سبک زندگی برای آنها حکم بازی و سرگرمی پـر تفریح و
تفننی را پیدا میکند که احدی حاضر نیست باین آسانیها از
آن دست بردارد » .

۞۞۞

ونیز او نوشته است :

» محال است که انسان یک ربع ساعت با یک نفر ایرانی صحبت
بدارد (آن ایرانی هر که میخواهد باشد و آن صحبت در هر
موضوع ومقوله‌ای باشد) بدون آنکه اصطلاحاتی ازین قبیل
بگوش برسد : ماشاءالله ، انشاءالله، استغفرالله ، سبحـان الله ،
الحمدلله و عبارات دیگری از همین نوع و اگر عدهٔ مستمعین
بیشتر از یک نفر باشد شخص متکلم در موقع ادای این جملات

که همه دال" بر تدین وخداپرستی وپارسائی اوست این عبارتها

را باآب وتاب تمام و قرائت مالاکلام بشیوهٔ مؤمنین و ابرار و

اخیار ازبیخ گلو وبن دماغ تلفظ مینماید ولی در همین حـال

حقیقتی است غیر قابل انکار و بلاتردید که از بین بیست نفر

ایرانی که همه بهمین شیوه ورع فروشی نموده نقدس بخرج

میدهند وجانماز آب میکشند یک نفرشان صادق نیست وواقعاً جای

تعجب است که چگونه افراد ملتی بدین درجه گرفتار بلای

عام دوروئی ونفاق وتزویر باشند درصورتی که احدی هم فریب

آنرا نمیخورد ولو درظاهر همه بیکدیگر نان قرض داده بله ،

بله بهم تحویل بدهند » .

✿✿✿

همین گوبینو در کتاب معروف خود موسوم به « ادیان وفلسفه‌های

آسیای مرکزی » در بارهٔ جوانان ایرانی که در اروپا تحصیل میکنند

چنین نظر داده است .

درجای دیگر کتابش میخوانیم :

« حسینقلی آقا جوانی است ایرانی که در مدرسهٔ نظامی سن سیر

در فرانسه درس خوانده ودشمن عرب وعاشق دین زرتشت است

ومعتقد است که باید لغات عربی را اززبان فارسی بیرون کرد

وازخودش زبانی من درآوردی میسازد و بهمان شیوهٔ **دلیل**(۱) چیز مینویسد . وی فردی استثنائی نیست بلکه کلیهٔ ایرانیهائی که از اروپا برگشته‌اند حتی آنهائی که در آنجا تربیت و تعلیم یافته‌اند آنچه را از ماآموخته‌اند و یا خود دیده و سنجیده‌اند بوضعی خاص وطرزی عجیب فهمیده ودریافته‌اند که ابداً ربطی باطریقهٔ ما ندارد وعقیده و نظر آنها هرچند ضمناً تغییر کلی هم پذیرفته باشد لکن بهیچ وجه در طریقهٔ اروپائی سیر نکرده است » .

همین **گوبینو** دانشمند معروف فرانسوی در کتاب خود که « سه سال درایران، نام دارد و آقای ذبیح‌الله منصوری آن را بفارسی ترجمه نمودو بشمارهٔ ۲۱ از نشریات روزنامهٔ کوشش بچاپ رسیده است دربارهٔ اخلاق ایرانیان مطالب بسیار دارد و از آن جمله مینویسد :

« برای چه ایرانی اینقدر ریا کار شده و چرا تا این اندازه در تقدس و اظهار زهد غلو مینماید و حال آنکه باطناً اینقدرها مؤمن نیست و بچه سبب غالب این مردم حرفی را که میزنند غیر از آنست کــه در حقیقت فکر میکنند و بقول خودشان زبانشان در گرو دل دگر است . . . .

____

۱ ــ **دلیل** (بکسر دال) شاعری است از شعرای فرانسه کــه خیلی با الفاظ میپرداخته و اشعار او بی‌شباهت باشعار بعضی از شعرای لفظ پرور و لفظ پرداز خودمان نیست .

هر مذهبی که وارد ایران شود به دوروئی وشك و تردید جبلی ایرانیان برخورد خواهد کرد . ایرانی ملتی است که ازچند هزار سال قبل از این باصدها مذهب مختلف بكنارآمده است و خصوصاً مسألهٔ مذاهب پنهانی بطوری این ملت را شکاك و دو رنگ و بوقلمون صفت بار آورده است که محال است شخصی بتواند بگفتهٔ آنها اعتماد نماید زیرا هر چه میگویند غیر از آنست که فکر میکنند و آنچه فکر میکنند غیر از گفتار آنهاست . »

—۸—

سرجان ماکدونال انگلیسی در باب اخلاق ایرانیان بـدینقرار اظهار نظر نموده است :

« ایرانیان چنانکه مشهور است نژادی خوش سیما و مردمانی مهماننواز میباشند و در مقابل مصائب بردباری و نسبت به بیگانگان مهربان هستند و در رفتار و کردار بینهایت مؤدب و ملایمند و حـرکات و سكناتشان دلپـذیر است . گفتارشان گیرنده و دلفریب و مصاحبتشان گوارا ودلپذیر است و لکن درعوض فاقد بسیاری ازصفات پسندیده اند چنانکه در تمام فنون مکر و حیله و دوروئی و ریاکاری ماهرند و نسبت بزیردستان شقی و غدار و در مقابل زبردستان افتاده و فروتن میباشند . ازین گذشته مردمی هستند بیرحم و کینه‌خواه و حریص، فاقد

ایمان ومحروم از صفات قدرشناسی وشرافتمندی .»

۹-

هانری مارتین نام از کشیشان انگلیسی که بقصد ترجمهٔ انجیل و تورات بفارسی در سال ۱۸۱۱ میلادی بایران آمده و ده ماه درشیراز اقامت داشته(۱) در کتاب شرح زندگانی‌خود درباب ایرانیان مینویسد :

« این ملت بیچاره از ظلم و استبداد حکومت خود که هیچ چیز قادر نیست که جلو ظلم و اجحافش را بگیرد و یا حتی تخفیف بدهد فریادش بلنداست . زهی اروپای سعادتمند وزهی سعادت فرزندان جافت . ملتهای اروپائی‌چقدر نسبت باین‌ملت ایران سربلند بنظر میرسند وبا اینهمه ایرانیان مردم با هوش ودل‌زنده‌ای‌هستند واستعدادداردند که بزرگترین وقادرترین‌ملت مشرق‌زمین باشند وتنها چیزی که کم دارند همانا یک‌حکومت خوب وصالح است ومذهب مسیح » .

✿✿✿

همین شخص در مورد صحبت از عبور شاه از خاک رعایا در ایران چنین نوشته است :

« درتمام طول راه هرجا که شاه عبور کند مردم و رعایا ازین

۱ـ ترجمهٔ **انجیل** را بدستیاری میرزا سید علی نام (شوهر خواهر جعفر قلی خان) باتمام رسانید و بوسیلهٔ سفیرانگلستان سراوزلی به فتحعلی‌ شاه تقدیم نمود وبعدها این ترجمهٔ فارسی در پطرزبورغ بچاپ رسید .

قضیه چنان هراسناك و متوحشند که گوئی مصیبت آسمانی بر آنها نازل شده است . طاعون و امراض وقحطی درمقابل بلا و مصائبی که از طرف ملازمان شاه بالنسبه بمردم وارد میگردد چیز کمی است که درحساب نمی‌آید » .

—۱۰—

جیمس موریه مؤلف کتاب مشهور « سرگذشت حاجی بابای اصفهانی » هم دراین کتاب و هم در « سیاحت نامه » های خود در ایران مطالب بسیاری درباره اخلاق ما نوشته است و شاید هیچکس ماننداو داد سخن را در این باب نـداده باشد و خود او نیز در مقدمهٔ « حاجی بابا » میگوید حالا ایرانیها خواهند گفت که « این فرنگی تو کوك ما رفته‌است». ما دراینجا دوقطعه از قضاوتهای اورامی‌آوریم که در یکی حقیقةً «تو کوك ما » رفته است ودر دیگری تمجید از استعداد ما نموده است .

اما آنچه در مذمت ما گفته :

« یاران ، بایرانیان دل مبندید که وفا ندارند و آدم را بدام میاندازند . هرقدر بعمارت ایشان بکوشی بخرابی تومیکوشند . دروغ ناخوشی ملی وعیب فطری ایشان است و قسم شاهد بزرگ این معنی . قسمهای ایشان را ببینید ، سخن راست را چه احتیاج بقسم است . بجان تو ، بجان خودم ، بمرگ اولادم ، بـروح پدر ومادرم ، بشاه ، بجقهٔ شاه، بمرگ تو، بریش تو، بسبیل تو، بسلام وعلیك ، بنان ونمك، به پیغمبر ، باجداد طاهرین پیغمبر ،

بقبله ، بقرآن ، به حسن ، به حسین، بچهارده معصوم، بدوازده امام ، از اصطلاحات سو گند ایشان است ، خلاصه آنکه در روح وجان مرده وزنده گرفته تا بسر و چشم مقدس و ریش و سبیل مبارک وندندان شکسته و بازوی بریده تا بآتش و چراغ وآب حمام ، همه را مایه میگذارند تا دروغ خودرا بکرسی بنشانند . این دروغها را باور نکنید .» (از «حاجی با با(۱)»)

همین موریه درمدح و ستایش ایرانیان در « سیاحت‌نامهٔ دوم خود در ایران چنین نوشته است :

۱ـ دراینجا شاید بی‌مناسبت نباشدکه تذکر بدهم‌که ترجمهٔ این‌کتاب را به شیخ احمد روحی کرمانی شهید راه‌آزادی نسبت داده‌اند ولی‌درحقیقت (چنانکه اکنون اسناد بسیار محکم در دست من موجود است) مترجم میرزا حبیب اصفهانی بوده است و همچنین برای من مسلم است که نویسندهٔ کتاب هم همان جیمس‌موریه انگلیسی است و کس دیگری نیست و خیلی متأسفم که پس‌ازتنقیح وتجدید نظری‌که مدت چندماه‌در ترجمهٔ فارسی آن بعمل‌آوردم وتمام‌کتاب‌را بخط خودم نوشتم وبرای یکی از مؤسسات نشرکتاب بطهران فرستادم هنوز بچاپ نرسیده است و بسیار تعجب نمودم وقتی یکی از مجله‌های مصور طهران ایرادهای سخت ناحق براین کتاب وبرمن‌که درصددطبع آن بودم‌و براداره‌ای که خیال‌چاپ آن‌راداشت وارد ساخت. با اینهمه امیدوارم که بطبع آن‌کامیاب گردم. نباید فراموش نمود که معروف است که درتمام ادبیات دنیا سه‌کتاب نوشته شده است که درنشان دادن اخلاق‌اقوام بهتریـن کتابهاست یکی « هزارو یک‌شب » دوم «ژیل‌بلاس» وسوم همین‌کتاب «حاجی با با». ازقضا کتاب «ژیل‌بلاس» را نیز بموجب اسناد متقنی‌که در نزدم موجود است همین میرزا حبیب اصفهانی ترجمه کرده بوده‌است .

« استعداد ایرانیان در اخذ و قبول عادات و رسوم و طرز فکر
و اندیشهٔ سایر ملل و سهولتی که در تقلید و اقتضای اقوام دیگر
دارند عقیدهٔ کسانی را تأیید مینماید که میگویند اگر ایرانیها
مثل ترکها باروپا نزدیکتر بودند و روابط و مناسباتی را که
ترکها با فرنگیها دارند میداشتند بـلاشك بـزودی در فنون
جنگ و صلح با اروپائیان برابر و هم ترازو میشدند و بالنتیجه
در زمینهٔ سیاست اروپا دارای مقام و اهمیت بیشتر میگردیدند(۱)
همین شخص در کتاب دومین سیاحت خود با یران روزی که در سال
۱۸۱۶ میلادی دارد از خاك ایران بیرون میرود چنین نوشته است :

« در ایران هیچ چیز اسباب دلبستگی و علاقه نمیشود چون که
مردم باستثنای عدهٔ معدوی دو رو و مذبذب هستند و خاك ایران
هم خشك است و از هر نوع مرض زمین و زمان را پر کرده است.
برای چون ما اشخاصی که در ینجا از هر ملت متمدنی هزاران
کیلومتر دور افتاده‌ایم و بندرت از دوستانمان پیـامی میرسد
و بهیچوجه اسباب تفریح و تفنن و نشست و برخاستی نداریم
واقعاً زندگانی در ایران حکم یك نوع طرد و تبعید بلدی را
دارد و در این لحظه که من از خاك ایران بیرون میروم فقط
تأثر و غصه‌ای که دارم بحال رفقا و همقطارهائی است که پس

از من باز باید در این مملکت بمانند و این نیز خود برغم و تأثر من میافزاید ».

‐۱۱‐

سر ﻫ . پوتینگر نوشته است :

در میان خودی ایرانیان باهمردیف و همشأن خویش مهربان ومؤدبند ولی در مقابل برتر از خود خاضع و متواضع و نسبت بزیردستان زور گو و متکبرند . تمام طبقات وقتی کـــه مورد مناسبی پیدا شود متساویاً خسیس و فرومایه و نادرستند و نیز از تفتین وجاسوسی در استفاده از آنچه خودشان استعداد فوق – العاده میخوانند اباء ندارند ، دروغ را در صورتی که موجب تسهیل انجام منظورشان باشد نه فقط مجاز بلکه خیلی هم بجا میدانند . از حسن نیت و بلند نظری و حقشناسی تماماً بیگانه اند. در پایان این گفتار راجع باخلاق ایرانی بدون هیچگونه بیم انکار در اثر مشاهدات شخصی خودم اضافه میکنم که بنظر من ایرانی در حال حاضر منشأ هر نوع جور و شقاوت و زبونی و بیدادگری وبزور تصرف مال غیر میباشد ومایهٔ ننگی است که طبیعت بشری را آلوده ساخته و در هیچ دوره و در میان هیچ ملتی ما انند آن دیده نشده است (۱) ».

---

۱ ‐ بنقل از کتاب و تاریخ ایران و دورهٔ قاجاریه، تألیف گرنت واتسون ترجمهٔ فارسی، صفحهٔ ۱۳ (حاشیه).

۱۲-

دانشمند وعالم علم اجتماعی فرانسوی نسبةً معروف گوستاولوبون
در کتاب « تمدنات قدیمی خود در بارهٔ ایرانیان چنین آورده است :

« اهمیت ایرانیان در تاریخ سیاست دنیا خیلی بزرگ بوده است
ولی برعکس در تاریخ تمدن خیلی خرد بوده است . در مدت
دوقرن که ایرانیان قدیم برقسمت مهمی از دنیا سلطنت داشتند
شاهنشاهی فوق العاده باعظمتی بوجود آوردند ولی در علوم و
فنون وصنایع و ادبیات ابداً چیزی ایجاد نکردند و بگنجینهٔ
علوم و معرفتی که ازطرف اقوام دیگری که ایرانیان جای
آنها را گرفته بودند چیزی نیفزودند... ایرانیان خالق نبودند
بلکه تنها رواج دهندهٔ تمدن بودند و ازینقرار از لحاظ ایجاد
تمدن اهمیت آنها بسیار کم بوده است و سهم آنها در آنچــه
سرمایهٔ ترقیات بشررا تشکیل میدهد خیلی ناقابل بوده است ».

۱۳-

یك نفر انگلیسی زمانی که درطهران میدان مشق را میساخته اند
در آنجا بوده ونوشته است :

« ایرانیها مردمان عجیبی هستند، توپ ندارند و توپخانه ساخته اند
وقشون ندارند ومیدان مشقی ساخته اند که بزرگترین میدان
مشقهای دنیاست ».

‏-۱۴-

تئودور نولدکه از مستشرقین بسیار نامی آلمان که شاید بتوان او را زنده کنندهٔ تاریخ سلطنت ساسانیان خواند زیاد معتقد به اخلاق ایرانیان قدیم نبوده است و از آن جمله در کتاب «تاریخ سلطنت مادها و هخامنشیان» چنین نوشته است :

« وفا هیچگاه از صفات بارزهٔ ایرانیان نبوده است ».

✿✿✿

و در «تاریخ ساسانیان» خود (بر اساس تاریخ طبری) میگوید :

« ایرانیان که از قدیم الایام الی زمان ما آنهمه به مبالغه از راستگوئی سخن گفته‌اند و آنرا ستوده‌اند و از دروغ‌گـــوئی بدی و زشتی یاد کرده‌اند در حقیقت چندان علاقه‌ای بـــدان نداشته و ندارند (۱) » .

در جای دیگر همین کتاب (متن آلمانی ، صفحهٔ ٤٤۳) بالصراحه از خودستائی و خودبینی ایرانیان سخن رانده است .

همین نولد که در موقع صحبت از انوشیروان و عنوان «عادل» که ایرانیان باو داده بودند میگوید :

۱ـ بخاطر دارم که یکنفر از دوستان ایرانی هـم معتقد بود که اگر ایرانیان قدیم آنهمه از دروغ نمیترسیدند و دروغ در میان آنها زیاد شایع نبود آنهمه در هر موقع و در هر کتیبه در مذمت و نکوهش دروغ سخن نمیراندند باید گفت خدا بخواهد که این نظر بی‌اساس و مبنی بر جهالت باشد .

« ولی طبعاً باید دانست که مفهوم عدالت وقتی نسبت آنرا به یك پادشاه مستبد ایرانی میدهند عدالتی است که ماهیت آن مورد تغییر و تبدیل بسیار مخصوصی واقع گردیده است . » (تاریخ ساسانیان ، متن ، آلمانی ، حاشیه ۳ در صفحه ۱۶۱) .

از جمله کسانی که درباب اخلاق ما ایرانیان سخنانی دارند و از لحاظ تاریخ هم زیاد قدیمی نیست **رابرت گرنت واتسن** انگلیسی است که درست صد سال پیش درسنهٔ ۱۸۶۵ کتاب خود را موسوم به «تاریخ ایران در دورهٔ قاجاریه» نوشته و آقای وحید مازندرانی هم آنرا بفارسی ترجمه نموده است . دراین کتاب چه از قول مؤلف و چه ازقول اشخاص دیگری داوریهائی دربارهٔ ما ایرانیان شده است که اکنون قسمتی از آنها دراینجا نقل میشود .

در بارهٔ صفات درباریان از زبان سرجان ملکم معروف مؤلف «تاریخ ایران» مینویسد که «صفات اتباع شاه درآن وضعی که از زمان آیین مادها وپارسیان باستان بوده تفاوتی حاصل نشده است.» (صفحهٔ ۴ـ۳)

سپس خود مؤلف درخصوص ایرانیان چنین مینویسد :

«... شاید صفت بارز ایرانیان آن نوع وطن پرستی نیست که درمیان اروپائیان هست . یك فرد ایرانی شاید کمتر ازهرفرد دیگری در روی زمین حاضر است در راه منافع کشور خود قدمی بردارد و وقتی او در فکر صلاح وطن خویش است که البته هیچگاه و بهیچوجه با منافع شخص او قابل قیاس نیست

و باز در دلش میپندارد که در دنیا کشوری که شایستهٔ مقایسه با ایران باشد وجود ندارد . بنظر من اگــر اکثر ایرانیان محکوم به تبعید ابدی بشوند و بآنها اخطار شود که اگر باز پای بخاك اجدادی خود بگذارند سرنوشت مرگ خواهندداشت مانند شیمه(۱) نخواهندتوانست از کثرت علاقه بتجدید دیدار وطن عزیز از بازگشت خودداری کنند وعلاقهٔ آنان بسرزمین نیاکان خویش نظیر دلبستگی اخلاف یهوداست به‌بیت‌المقدس» (صفحات ۷ و ۸) .

مــؤلف دنبالهٔ سخن را در خصوص اخلاق ایرانیان بدین‌سان آورده است :

«از طرز سخنان ایرانیان در کشورهای دیگر راجع بوطنشان شنونده گمان‌میکند که ایران دلپذیرترین منطقهٔ سراسرجهان است و هوای آن ، آب آن ، میوهای آن ، خانه های آن ، باغهای‌آن ، اسبهای‌آن ، شکارگاههای آن ، مناظرآن ، زنان آن ، همه موضوع مبالغه آمیزترین تحسین از ناحیهٔ ایرانیان مقیم هندوستان و اروپابهت . ایرانیان درمیان آثار بارزشکوه

۱ـ Shimei . متأسفانه مترجم توضیحی درباب این کلمه نداده است و بر بنده نیز باوجود مراجعه بچند کتاب لغت معنی‌آن معلوم‌نگردید وجای‌تأسف است‌که مترجم تنها بتکرار لفظ قناعت نموده است والتفاتی نداشته است که خواننده آنرا بفهمد یا نفهمد .

و جلال اروپائی لاف میزنند که سرزمین کشور او از هرجهت عالی‌تر است و در بین اروپائیان و در عین خوشگذرانی آرزو میکنند روزی باز از سرچشمهٔ شراب شیراز بنوشند و بانگ غزلهای حافظ گوششان را نوازش دهد ٠» (صفحهٔ ۸) .

و باز درهمین باب درجای دیگر :

«ایرانیان تقریباً از هر تیره و طبقه‌ای کـه نام برده‌ام (۱) مردمی سالم و نیرومند میباشند و شاید دلیل عمده کمی نسبی امراض مزمن یا ارثی درمیان سکنهٔ بالغ آنها اصلاً ناشی‌ازین حقیقت باشد که تمام کودکان در ایران از دوران طفولیت در معرض زندگی چنان سختی قرار میگیرند که افراد نحیف و علیل از بین میروند واین روش باندازه‌ای مؤثر است که گوئی آئین اسپارتی که برطبق آن تمام اطفال ضعیف امکان رشد و زندگی نداشتند درمیان ایرانیان هنوز جاری‌باشد.» (صفحهٔ ۱۱)

و باز درجای دیگرچنین آمده است :

«قسمت اعظم ایرانیان از نوعی تربیت برخوردار هستند . . . نادان و معتقد بخرافات بار می‌آیند وقسمت اعظمشان اعتقاد به محمد و علی و حسین دارند و به‌پیشگوئی غیب گویان وستاره شناسان ساعت سعد و نحس و چشم بد و بعلم غیب که از دورهٔ مغها بجا مانده‌است پابند میباشند . ایرانیها بطور کلی باهوشند

۱ـ شهرنشین و روستائیان و چادرنشینها مقصود است .

اما هوش آنها غالباً توأم با نادرستی و فقدان استقامت اخلاقی است . جوانان در میان ایرانیان قدیم چنانکه بما گفته‌اند اسب سواری و راستگوئی و تیراندازی یاد میگرفتند . چیز عمده‌ای که در فرزندان اخلاف آنها اثر بزرگی باقی گذاشته بنظر میرسد همان باشد که باطفال اسپارتی یاد میدادند کـه هیچوقت حاضر نشوند درصورت دروغگوئی‌رازشان فاش گردد. این درس را ایرانیان واقعاً از ته دل آموخته‌اند چـون هیچ کاری سخت‌تر ازین نیست که یك ایرانی را برای دروغی که گفته است وادار به اعتراف کرد و هیچ چیزی نادرتر از آن نیست که انسان حقیقت سادۀ امری را از زبان یکی از افراد آن کشور بشنود .» (صفحه ۱۲) .

ولی باز همو دربارۀ صفات خوب و پسندیدۀ ایرانیان میگوید :

« بنظر نمیرسد که اخلاق ایرانی بطور کلی در میان اروپائیان تأثیر مطلوبی بخشیده باشد ولی همانطور کـه اخلاق صحیح هیچ ملتی بی‌نقص نیست هیچ قومی را هم نمیتوان گفت کـه اخلاقی بکلی مذموم دارد . بسیاری‌از صفات پسندیده درردیف بدیها و عیبهائی که سرزمین ایران را بدنام کرده است دیده میشود . مردم ایران بطور کلی صبورند و حکومت بر آنهـا آسانست . طبقات فقیر خیلی قانع و با ادبند . توانگران به هموطنان گرسنۀ خود نان میرسانند . پدرهای خانواده قاعدة

برای همهٔ بازماندگان خود خواه حرامزاده یاحلالزاده (۱)

باشند ماترك متناسب‌فراهم میگذارند. همهٔ‌طبقات حس‌وفاداری

نسبت بسلطان قانونی خود دارند ورفتار مردها نسبت‌بیکدیگر

قرین خوش ذاتی و ادب واحترامست» (صفحهٔ ۱۳ و ۱۴) .

ولی بدبختانه در دنبالهٔ همین مطلب میگوید :

« ولی ازطرف دیگر انسان نمیتواند درمیان ایرانیان زندگی

كند و متوجه نشود كه آنها فاقد صفات بسیاری میباشند كه

زندگانی را نیك مطلوب میسازد و چه عادات و معایبی دارند

كه در سرزمینهای دیگر مایهٔ عار بشریت است . اگر لطفی

در وجود حقیقت و درستی در روابط بین افراد در استواری و

وفا و استقلال اخلاقی و در زناشوئی محبت‌آمیز ودرزندگانی

خانوادگی و علاقهٔ فامیلی و در صورت لزوم در حاضر بودن

بفداكردن مال یاجان در راه خیرعامه وتحمل عقاید دیگران

درمسائل‌مذهبی ومراعات انصاف‌نسبت بدیگران ودرحقشناسی

در مقابل نیکوكاری گذشته ودر ابراز شرم ودر سعی و كوشش

مستمر بمنظور خیراندیشی بحال آیندگان‌باشد ، انتظارمواجه

شدن باچنین لطفی درسرزمین ایران بیهوده‌است» (صفحهٔ۱۴).

مؤلف كتاب « تاریخ ایران در دورهٔ قاجاریه » مطالبی نیز دربارهٔ

درباریان نوشته است كه چون با اخلاق ما سروكار دارد شاید بیمناسبت

۱ـ منظور ظاهراً فرزندان صیغه و عقدی است .

نباشد که آنها را نیز در اینجا نقل نمائیم که البته بزمان مؤلف یعنی صد سال پیش مربوطست :

« دویست و پنجاه وسه پادشاه تا بحال بترتیب در ایران بر تخت سلطنت نشسته‌اند · اصل اساسی قانونی ایران میرساند که شاه یعنی کشور و همهٔ افراد برای خاطر سلطان زنده‌اند ولی برای قدرت سلطنت قرآن و داد گاههای ضامن عدالت برطبق احکام شرع یا قانون مدون و نیز کسانی که عرف یا قانون عادی بآنها اختیاراتی داده است رادعی بشمار میروند . تمام انتصابات در سراسر قلمرو سلطنت بوسیلهٔ شاه و یا کسانی که از جانب او اختیارات دارند انجام میگیرد . در پیرامون پادشاه یکدسته از رجال بعنوان درباری و پیشخدمت پیوسته افتخار حضور دارند این اشخاص از لحاظ درجه و عنوان معادل لردها و افراد محترم دربارهای اروپا میباشند و نه فقط مانند آنها از داشتن لقب و عنوان پیشخدمت باشی خرسندند بلکه تکالیف واقعی خدمتگزاری راهم انجام میدهند. خوراک شاه را هنگام صبحانه و شام رجالی که مقام شامخی در کشور دارند بر سفره می چینند بعضی از آنها فرزندان وزرای شاه میباشند و بعضی دیگر خود حاکم و والی ولایاتند. قلیان شاه را هرموقعی که اعلیحضرت بآن میل فرمایند یکی از اعیان بدست میگیرد و موقعی که پادشاه اراده کند که از اطاق بیرون برود سر پائی شاهانه را شخصی

که شاید یکی ازهمان روزها سفیر کبیر اعلیحضرت در دربار
خــارجی بشود جلو قدوم شاه میگذارد . در واقــع بعضی از
آجودانهائی که مشمول مرحمت هستند و بعضی ازپیشخدمت ــ
باشیها اتفاقاً ممکن است علاقهای برای تغییرسمت خود داشته
باشند یعنی سمتی که ازبرکت آن امید دارند بیک مأموریت
در خارجه دست بیابند و آنرا تبعیدی آبرومند میشمارند . آن
عده از پیشخدمتهای همایونی که بسمت والی ایالات منصوب
میشوند بندرت مایلند از دربار دور شوند و شاید هیچوقت
علاقهای برفتن بمحل حکومت خود ندارند و لهذا برای خود
نوابی تعیین میکنند که بجای آنها نایب الحکومه باشد وخود
آنها از پیشگاه ملوکانه دور نمیشوند هرچند که گاهیهماتفاق
میافتدکه در معرض بعضی ناراحتیهای جزئی واقع شوند کهاز
تند خلقی ناگهانی حتی ملایمترین اشخاص ممکن است ناشی
بشود . چنانکه اگر احیاناً پیشخدمت باشی از بدبختی مورد
خشم شاهانه واقع گردد در دم محکوم حتمی مجازات ضـربهٔ
شلاق میشود ولی بطور کلی ممکن است که این مجازات بـا
تقدیم ماهرانهٔ رشوه قدری تخفیف بیابد . عبارات تملق آمیزی
که گوش شاه ایران را از دوران کودکی برمیکنذ برای از
بین بردن بسیاری از ملکات اخلاقی اصلی شهریاری کافی است.
پیرامون فرزندان شاه را ازهمان اوان طفولیت گروهچاپلوسان

تشریفاتی فرا میگیرند ، (صحفهٔ ۱۵و۱۶) .

وباز دردنبالهٔ همین موضوع میگوید :

« ... یکی ازهدفهای تحصیلی مقام در ایران بعد از جلب نظر همایونی جمع کردن حد اکثر پولی است که امکان دارد بوسیلهٔ یك دستگاه اداری وصول کرد . در ایران تقریباً هــر چیزی بسته بپول است .. وزیران نه تنها باید در بدو انتصاب وجهی باین مناسبت تقدیم دارند بلکه بعداًهم باید مرتباً برای دوام امتیاز مقام خود وجهپرداخت کنند. ازسوی دیگربدیهی است که آنها نیز بنوبت خود میپندارند حق دارند که همین قاعده را نسبت بزیردستان و ارباب رجوع خود اجرا کنند »

(ص ۱۹) .

آنگاه میافزاید که :

« بطور کلی رجال بیشتر از حد انتظار در مقام خود باقی می‌ـ مانند و انفصال آنهاهم نه اینکه در اثر بی‌لیاقتی باشد بلکـه بیشتر منوط بمیزان آز وهوس یابناز رئیس مملکت است و چه بسا اتفاق میافتد که شخصی‌پنج یاحتی ده سال در مقامی مستقر میماند و موقعیکه یکی از مأموران رسمی ازکارحکومت و یا از مقامی بر کنار میشود قاعدةً فقط برای این است که مقـام دیگری را اشغال کند چون هر ایرانی از فرصت در‌یك مقام تاجائی که قدرت داشته‌باشد بقدر کافی بهره‌برداری مالی‌میکند

وهمینکه مقامش را از دست داد مقام دیگری را با پرداخت پول
برای خود فراهم میکند ،. (ص۲۰)
مؤلف در صفحهٔ ۲۲ بطور خلاصه و اجمال در بارهٔ ما چنین اظهار
نظر کرده است .

« آنها بهیچ وجه پابند راستگوئی نیستند ».

بالاخره پس از این مقدمات مؤلف باین نتیجهٔ شرم آور میرسد که
بلاشك یکی از اسرار بدبختی ما ایرانیان است:

« درنتیجهٔ این احوال [در ایران] عدالت را باید خرید و
نباید بعنوان اینکه حقی است خواستار آن بود ».(صفحهٔ۱۹)

—۱۹—

مورخ انگلیسی کونراد برکویچی در کتاب خود موسوم به
«زندگانی اسکندر کبیر » در موقع صحبت از جنگ اسکندر با ایرانیان
علت شکست خوردن ایرانیها را چنین بیان کرده است .

« ایرانیان در عادات وسنن ورسوم قدیمی ومندرس خودتا بگلو
فرو رفته بودند از گذشته هیچ تجربه نیاموخته و درس عبرت
فرا نگرفته بودند و چرخهای عقاید و افکارشان تا بهمیان در
لجنزار خرافات وموهومات ازمنهٔ قدیم فرورفته بود ،»
ودرجای دیگر از همان کتاب در بارهٔ اخلاق ایرانیان آن زمان
چنین مینویسد :
«ایرانیان در پیشرفت مقاصد ونیات اسکندر بیشر از خودیونانیان

باو خدمت نمودند وچون از صفت شخصیت عاری بودند هرچند کور کورانه مطیع ومنقاد پادشاه خود بودند اما ابداً از عهدهٔ فرماندهی وسالاری سپاه برنمی‌آمدند. عقل وفکرشان از قرنها پیش از آن درقالب یکنواختی ریخته شده بود .

—۱۷—

سرپرسی سایکس در ایران سیاحتهای مفصل کرده ودر باب سیاحت خود کتاب سودمندی نوشته که بفارسی هم ترجمه شده است و در باب تاریخ ایران کتاب بزرگی در دو جلد نوشته که آن نیز بترجمه رسیده وشاید بتوان آن را از لحاظ جامعیت وترتیب بهترین تاریخ ایران بشمار آورد در کتاب خود موسوم به « هشت سال در ایران یا ده هزار میل سیر وسیاحت در کشور شاهنشاهی » درباب قحطی در ایران و اخلاق ایرانیان در آن موقع چنین نوشته‌است :

«بین راه یزد و کرمان... در راه از حیث آذوقه بزحمت فوق‌العاده دچار شدیم . در یکی از منزلها با آنکه چادرهای ما را در یك میل فاصله تا آبادی زده بودند باز عدهٔ کثیری از زن و بچه اطراف چادرها را گرفتند و از دست محتکرین که بمنظور ترقی نرخ گندمهای خود را انبار کرده بودند شکایت آغاز نمودند . دو نفر از آنان یك قطعه نان که از سبوس و ارزن تهیه شده بود و مقداری یونجه بمن نشان داده گفتند ما باید با این

چیزهاشکم خودرا سیر کنیم (۱) ایرانیها درموقع قحطی خصلت عجیب و غریبی دارند باین ترتیب که طبقهٔ اغنیا هیچ بحال فقرا و بینوایان تفقد و ترحم نمیکنند و اهالی شیراز دریـن قسمت از سایر هموطنان خود بدترند وتصور میرود که بهترین مجازات محتکرین همان سیاستی باشد که افغانها در موقع فتح شیراز پیش گرفتند و اجمال قضیه آنکه وقتی شهر در آتش مجاعه و قحطی میسوخت شیراز را گرفتند واطلاع یافتند که محتکرین آنوقهٔ چندین ماه شهررا پنهان و انبار کرده‌اند و این درصورتی بود که جمعی از اهالی شیراز برای نان جـان میدادند ولهذا چند نفراز سران محتکرین را دستگیر کردند و درهمان انبارهایشان در مقابل توده‌های غله بقلاب آویختند تا همانجا جان سپردند».

---

۱ ـ نگارنده درخاطر دارد که دریکی از مسافرتهای خود که ازجانب دفتر بین‌المللی کار بمأموریت و تدارك زمینه بـرای قوانین و مقـررات مربوط بکار صناعتی بهمراهی یك نفر خارجی ازرؤسای مؤسسهٔ نامبرده ویوور نام بایران آمده بود چون درنزدیکی کرمانشاه بدهکدهٔ بزرگ صحنه رسیدیم نظر بدعوتی که قبلاً ازجانب مالك آن قریه مرحوم معاون‌السلطنه از دوستان قدیمی بعمل آمده بود اتومبیل‌را درمقابل قهوه‌خانهٔ دهکده نگاه داشتیم ویك نفر از دهاتی‌ها را فرستادیم که برودبه معاون السلطنه خبر ورود مارا برساند . در همان اثنا شوفور ما از قابلمه‌ای که همراه داشت یك ران مرغ بریان درآورده گوشت آنرا خورد واستخوان را بزمین انداخت.

راقم این سطور این واقعه را در «صندوقچهٔ اسرار» (جلد اول ،
صفحهٔ ۱۵) نقل نموده ودر ذیل آن چنین نوشته است :

« پروردگارا کار ما ایرانیان بکجا کشیده است کـه مردکی
اجنبی ازآن سر دنیا آمده افغانهای محمود و اشرف را برای
ما سر مشق قرار میدهد و بما راهنمائی میکند که سیر کردن
گرسنه هایمان را باید از آنها یاد بگیریم » .

☼☼☼

همین شخص یعنی سر پرسی سایکس در همان کتاب « هشت سال
در ایران ، در جای دیگر در بارهٔ اخلاق ما ایرانیان چنین اظهار نظر
نموده است :

« من باهزاران دلیل معتقدم که ایرانیها ازهرجهت بکلیهٔ سکنهٔ
مغرب آسیا امتیاز وتفوق دارند وبنا بگفتهٔ رالینسون که راجع
بایران وایرانیان تتبعات عمیقی نموده است یك فرد ایرانی برهر
آسیائی دیگر خواه هندی و خواه ترك و خواه روسی امتیاز
دارد وسطح فكرش بالاتر از آنهاست ».

وباز درجای دیگر از کتاب (صفحهٔ ۳۴۵) مینویسد :

« تباهی اخلاقی وبیصفتی ایرانی بدبختانه ضرب المثل است ...
از تمام صفاتی که سیرت ایرانی را تشکیل میدهـد و بعد از
خودخواهی بیحد وحساب درمیان آنها رواج بسیار حاصل کرده

است حرص پایدار در کسب مال و جمع ثروت از راه غیر حلال است ».

—۱۸—

دکتر فوریه(۱) فرانسوی طبیب مخصوص ناصرالدین‌شاه در کتاب خود « سه سال در دربار ایران، در موقع صحبت از دشمنی بسیار سختی که بین اعتمادالسلطنه و اتابك (میرزا علی اصغرخان) موجود بود که بخون یکدیگر تشنه بودند مینویسد :

« در یك مجلس میهمانی خودم حضور داشتم و در آن مجلس اعتماد السلطنه بقدری نسبت بدشمن خود تملق گفت و چاپلوسی کرد که اگر تابحال هم دستگیرم نشده بود همین امروز برایم کافی بود که بفهمم این ایرانیان تا بچه اندازه مزور و متملق هستند و باچه وقاحتی میتوانند دروغ بگویند » .

—۱۹—

کلمان هوار مورخ فرانسوی مؤلف کتاب « ایران باستانی و تمدن ایران » در باب عدم التفات ایرانیان قدیم بعلم و هنر مینویسد :

« ایران مملکتی بود نظامی که چه علوم و چه صنایع و فنون محال بود در آنجا نشو و نما نماید و نماینده و پزشك یونانی که در مدارس مناطق مدیترانه تربیت میشد تنها نماینده علوم در ایران بود

1- Fevrier : «Trois ans à la Cour de Perse», Paris, 1899

همچنانکه هنرمندان بیگانه از قبیل یونانیان و اهالی لیدی ومصریها تنها نمایندگان صنعت وهنر درآن مرز و بوم بودند وهکذامستوفیها نیز کلدانی وآرامیهای سامی نژادبودند»(۱)

ـ۳۰ـ

پرفسور **هانری ماسّه** فرانسوی در کتاب «اسلام»، ازقول **ابن‌خلدون** نوشته است، :

« اغلب علمای حدیث و تمام علمای بزرگ فقه و اصول وتمام کسانی که در حکمت الهی بمقام اشتهار رسیده اند و بیشتر مفسرین معروف همه ایرانی بوده‌اند . . . بطوری که میتوان گفت که تعلیم علوم اختصاص بایران پیداکرده‌بود .»

✿✿✿

همین دانشمند فرانسوی درجای دیگری از همین کتاب «اسلام» میگوید :

۱ـ چقدر فرق است باین نوع نظریات و آنچه یك نفر از هموطنان پاك نیت ما در مجلهٔ « مهر » ، منطبعهٔ طهران (شمارهٔ ۲ ازسال‌پنجم) نوشته بود وعین عبارت آن ازینقرار است :

« گیتی را نیاكان ما معمور و آبادكرده‌اند . اساس تمدن و شهر‌ـ نشینی‌وپایهٔ علوم وصنایع كه جهان را بترقی وتعالی‌كنونی رسانیده است موجود شدهٔ همت ودقت و نظافت اجداد ما بوده ».

وهمچنین رجز خوانیهائی ازین قبیل كه شاعرباذوق ما « حالت» برسم

بقیهٔ زیرنویس درصفحهٔ بعد

اما درباب ایرانیان باید دانست که نفوذ آنها کمتر از آنست که بعضی کسان تصور نموده‌اند علی‌الخصوص درموقعی که‌سخن از عکس‌العمل ووا کنش روح آریائی برضد روح وطبیعت سامی بمیان‌آید ... خلاصهٔ کلام‌آنکه چنان بنظر میآید که اهمیت ایرانیان تنها در زمینهٔ مطابقت دادن پاره‌ای از مختصات روح ایرانی با روح سامی وعرب بوده است و بس ».

‌–۲۱‌–

پروفسور براون معروف در «تاریخ ادبیات ایران» میگوید :

بقیه زیرنویس از صفحهٔ قبل

طعن وطنز سروده است :

« مسلم است که ایرانی نجیب و اصیل

بعلم ودانش و فضل‌است بی‌نظیر وعدیل

. . . .

. . . .

خلاصه مردم ایــران تمام مشهورند

بعقل سالم و دامان پاك و خلق جمیل

نه بنگی‌اند ونه تریا کی و نه عرقی

نه تنبل ونه ضعیف و نه‌عاجزند وعلیل

نه حقه بازونه‌خائن‌نه‌رشوه‌خوارو نه‌دزد

نه بیسواد و نه بیکاره و نه هردمبیل

والبته برخوانند گان‌معلوم‌است‌که درایران‌بکسی‌که‌به گذشتگان ونیاکان خود بنازد و بلافد می‌گویند « پنبهٔ پوسیدهٔ لحاف پدری را باد میدهد ».

« من به محبت اخلاصمندانهٔ زیادی دربارهٔ ایرانیان پای بندم
وقضاوت میکنم که بهترین عنصر ایرانی نه فقط معاشر و روشنفکر
قابل توجهی است بلکه میتوان او را یکی از باوفاترین دوستان
فداکاری دانست که برخورد او امکان پذیر باشد ».

☼☼☼

باید دانست که این مرد شریف یعنی پرفسور براون در تمجید و
تحسین از ما ایرانیان و تمدن و فرهنگ ما سخنان بسیار دارد و کتابها
تألیف کرده است که سرتا پا در مدح و ثنای قریحه و نبوغ و استعداد و
صفات پسندیدهٔ ایرانیان است و جمع‌آوری آنها نیز کار دلپذیر و مفیدی
خواهد بود .

‒۲۲‒

پرفسور براون دوستار حقیقی ایران و ایرانیان در باب تاریخ ما و
تاریخ‌نویس ما مینویسد: (۱)

« این تواریخ تاریخ ملت ایران محسوب نمیشود بلکه اغلب
سرگذشت سلاطین و شاهزادگان و امرای خارجی است که
پی‌دریی بر اهل ایران جابرانه سلطنت کرده ودرمیدان غارتگری
از یکدیگر گوی سبقت ربوده‌اند و سالنامهٔ خستگی‌آور
خونریزیها و چپاولها و تطاولهائی است که به زحمت میتوان

---

۱ ‒ بنقل از «تاریخ ادبیات ایران» ، جلد چهارم ، صفحات ۲۹۵ و ۲۶۷ و
۳۱۹ (ترجمهٔ فارسی).

یك موضوع عمومی گرانبهائی از آنها استخراج کرد › .

و باز در همین خصوص میگوید (۱) :

«متأسفانه تقریباً تمام ایرانیان باسوادوتمام مورخین یاشاعرند یا شعرشناس وشعر دوست و برای آنها سهلتر و لذت بخش تر است که تاریخ خودرا مشحون بشعر کنند تا آنکه اشعارخودرا بتاریخ زینت بخشند » .

و بازمیفرماید(۱) :

« ایرانیان اغلب حدسیات ماهرانه دارند اما تحقیقاتشان در ادبیات بیشتر بی‌مطالعه و نظریاتشان ناپخته و نامستحکم‌است.»

—۲۳—

استلین میشو از اساتید دانشگاه ژنو کــه در سی چهل سال قبل سیاحتی درمشرق‌زمین وازآن جمله ایران‌نموده است در کتاب خودموسوم به ‹ نامه‌های مشرق‌زمین › (این نامه‌ها قبلاً در روزنامهٔ یومیهٔ ‹ گازت دولوزان › منطبعهٔ شهــر لوزان (سویس) بچـاپ رسیده است) در بارهٔ ایرانیان چنین نوشته است :

« ایرانیان نمیتوانند هیچ نوع ‹ کولتور› و فرهنگی را که به فرهنگ خودشان بیگانه باشد بپذیرند.ایرانی همیشه شخصیت مخصوص بخودش را حفظ مینماید و این شخصیت عبارت است

۱ـ بنقل از «تاریخ‌ادبیات ایران، جلد چهارم ، صفحات ۲۶۷و۲۹۵ و ۳۱۹ (ترجمهٔ فارسی) .

ازیك نوع نرمی و انعطاف پذیری که بهر شکلی درمیآیــد و
برای یکنفر مغربزمینی که معتاد بصراحت و تشخیص صریح بین
خوبی و بدی است باعث انزجار خاطر میگردد . آنچه ما را
درمورد ایرانیان بوحشت میاندازد اینست که ما هرگز وقتی
با یك نفر ایرانی سروکار پیدا میکنیم نمیتوانیم بفهمیم که درست
عقیدهٔ او ازچه قرار است و دربارهٔ امور چگونه فکر می کند
وحتی اگر بیست سال هم با او معاشر و محشور باشیم از ضمیر
او بر ما مجهول خواهد ماند. در پس حجاب این تعارفات خطرناك
واین لبخندهای شهد آمیز سدی وجود دارد که هرگز کسی
نمیتواند از آن عبور نماید . ایرانیان عقیدهٔ راسخ وقطعی ما را
دربارهٔ دروغ نمیفهمند و مخفی داشتن فکــر و عقیده و مستور
داشتن نظر واندیشه واظهارداشتن عقیده ای که کاملاً برخلاف
عقیدهٔ آنهاست برای آنکه بحکم « کتمان » نه تنها برای آنها
بلکه برای قاطبهٔ اهالی مشرق زمین کاری است بسیار طبیعی . چیزی
که هست ایرانیان در این فن بمقام استادی رسیده‌اند و آ نچه را
ما مغربزمینی‌ها « حفاظت باطن = Restriction mentale
مینامیم برای آنها حکم بازی کودکان را دارد ».

ــ۳۴ــ

و نسان مونتی (۱) در کتاب کثیرالانتشار « ایران » در خصوص

1- Vincent Monteil : « Iran » Edition "petite Planéte" Paris 1957.

ضمیر و روح ما ایرانیان چنین نوشته است :

« در « پشت پرده » روح ملتی پنهان است که از دوران طفولیت
منکوب و درهم کوفته است چون بناامیدی خو گرفته است .
درست است که از چندی بدینطرف دیگر معلم مدرسه بصورت
شاگردانش اخ و تف نمیاندازد و با آنها چوب نمیزند ولی طفل
خردسال و جوان از ظلم و بیدادی که راه و رسم حکومت گردیده
است چه انتظاری میتواند داشته باشد . »

در همین کتابی که نامش در بالا ذکر شده است (در صفحه ۱۶۸)
چنین میخوانیم :

» [بموجب کتاب حاجی بابا] آنچه بیشتر از هر چیز
دیگری مرسوم است دوروئی و نفاق و خودپرستی و فساد
و قساوت و خودستائی و بیرحمی و نمك ناشناسی و دروغ
و از همه چیز بیشتر خودستائی است .... و همچنانکه
خانم پاکروان درباره دوره قاجاریه نوشته است « بسیار طبیعی
است که قدری قساوت با ساده لوحی آمیخته باشد ». دروغ
حکم هنر را پیدا کرده است و ایرانیان در این زمینه استادند
و وانگهی اباء و امتناعی هم در تصدیق این امر ندارند و
در بین صحبت بیدریغ میگویند « دروغ میگویم » چیزی که
هست دروغ آنها از این دروغهای شرم‌انگیز کوچه و بازاری که

مرسوم گدایان مغرب زمین است نیست بلکه دروغهائی است دست‌چین که حکم غنچهٔ نوشکفتهٔ قوهٔ وهم و خیال و آب و تاب «فانتزی» را دارد » .

ـ۳۵ـ

یکی از تازه ترین کتابهائی که در بارهٔ مملکت ما در فرنگستان انتشار یافته کتابی است بزبان فرانسوی باسم « ویزا برای ایران » بقلم روزنامه نویس معروف ژان‌لارتگی که درسال ۱۹۶۲ میلادی در پاریس بچاپ رسیده است . مطالب ذیل از آن کتاب نقل و ترجمه شده‌است .

مؤلف دربارهٔ ایرانیانی که در سازمانهای سیاسی بین‌المللی ازقبیل سازمان ملل متحد کار می کنند چنین اظهار نظر کرده است :

« ایرانیان کهنه کار و نکته سنج هستند و ذوق توطئه دارند و برای پذیرائیهای رسمی ساخته شده‌اند ودارای سنگینی ووقار ومجلس آرائی و ناشیگری درزمینهٔ تکنیك و رغبت بخواب و خیال هستند که خود لازمهٔ این قبیل مجامع ومحافل است» .

درجای دیگر میگوید :

« گاهی ایران در نظر من مانند یکی از این کشورهای بسیار نادری میآید که دموکراسی در آنجا بصورت اعلا و افراطی خود حکمفرماست باین معنی که در آنجا در عین آنکه حکومت دردست تمام افراد است درحقیقت در دست احدی نیست وبی

نظمی و بی‌ترتیبی رفته رفته برای خود بصورت « سیستم » مرتبی درآمده است اما خوشبختانه تمام این کیفیات را تنبلی مفرط و خوش‌طبعی و سازگاری و خوشمـزه‌گی و «آنارشی» ساده و قدیمی بکلی قابل تحمل میسازد » .

و باز می‌گوید :

« این مملکتی [ایران] که حقیقت در آنجا مانند مهرهٔ نرد شش قیافه گوناگون دارد و هرگز بصورت واقعی خود نمایان نمیگردد و بلکه همواره بکلی مضحک و نوظهور و احیاناً بصورتی دهشتناک و «تراژدیك» جلوه‌گر می‌گردد، درین کشور جنبه‌های مضحک و خنده‌آور و گریه‌آور امور از یکطرف علاقمندی شدید و از طرف دیگر بی‌علاقگی کامل و بی مبالاتی دست دردست و شانه بشانه در خیابانهای طهران در رفت و آمدند. ۱۶۲ نفـر نمایندگان مجلس شورای ملی (یا دویست نفر چون تا کنون احدی شمارهٔ صحیح آنها را درست نمیداند) از لحاظ قاعـدهٔ نظری و « تئوری » قانوناً از طرف ملت انتخاب شده‌اند ولی انتخابات در هیچ نقطه‌ای از دنیا و حتی در جزیرهٔ کورس و در بندر مارسیل والجزیره و آمریکای جنوبی (شاید فقط بتوان ویتنام جنوبی را مستثنی دانست) باین درجه ساختگی و قلابی نیست و نبوده‌است. در ایران آراء رأی دهندگان را در صندوقی

میریزند و در موقع شمردن آراء با تردستی و مهارت صندوق دیگری را که قبلاً تدارك دیده‌اند بجای‌صندوق‌اول‌میگذارند و چه بسا اتفاق میافتد کـه ساکنین بعضی از نواحی خبردار میشوند که مثلاً محمود نام و یا خسرو و یا مصطفی نامی را انتخاب کرده‌اند وحال آنکه درتمام عمراسم این اشخاص حتی بکوششان نرسیده بوده است و ازین هم بالاتر گاهـی اتفاق میافتد که مردمی که اصلاً رأی نداده بوده‌اند وکسی آنها را برأی دادن دعوت نکرده‌است خود را دارای نماینده درمجلس می‌بینند .»

مؤلف درباب این نوع نماینده‌گان چنین نوشته است :

« وانگهی این نوع نماینده‌گان همیشه حاضرند بدون آنکه کسی تقاضا کرده باشد جامهٔ خود را لدی‌الاقتضا تغییر بدهند و برنگ و جامهٔ دیگری درآیند . کوروش رفیق ایرانی من در مورد آنها می گفت که همیشه انگشت خود را با آب دهان ترمی کنند(۱) ودر مقابل باد نگاه میدارند تا بدانند که باد از کدام طرف میوزد وبهمان طرف بر گردند .»

درجای دیگر میگوید :

«اگر بخواهیم ایران را بفهمیم و دوست بداریم باید خودمان

۱ـ لابد مقصود باید «ازهرطرفی باد بیاید بادش‌میدهند» باشد (مترجم)

را قبلاً از بسیاری از عقاید و آراء عاری بداریم و با جامعهٔ مبارک عریانی شاهد و ناظر ایران و ایرانیان بگردیم و وقعی بجزئیات و فروع بی‌اهمیت مانند طرز حکومت و وضع سیاسی و نفوس کشور و احوال و اوضاع اقتصادی ندهیم بلکه باید با مردم ایران یگانه و رایگان بشویم و با آنها نشست و برخاست دوستانه داشته باشیم و بهترین طریق حصول این منظور را آنگاه خواهیم یافت که تمام قواعد و اصولی را که بدان معتقد و علاقمند هستیم (مثلاً ثبات و پافشاری اصول اخلاقی و علاقه بعقایـد مذهبی و رعایت ادب و احترام بمقدسات و اهمیت دادن باعداد و ارقام و چهار عمل اصلی حساب درامور زندگی و بازرگانی و پشت کار و عمل و فعالیت و مراعات وقت و ساعت و سایـر امور دیگر از همین قبیل) موقتاً پشت سر بیندازیم و اگر احیاناً لازم شد دوباره وقتی پا از دروازهٔ کشور ایران بیرون گذاشتیم آن قواعد و اصول خودمانی را محترم بشماریم و بلباس واقعی خودمان درآئیم . خلاصه آنکه اگر بخواهیم ایران و ایرانی را بشناسیم و دوست بداریم باید قدری ایرانی بشویم و هر کس چنین عمل نماید خواهد دید که تمام کارها بطرز دلخواه بجلو خواهد رفت و کارها درست و هر مشکلی آسان میگردد و کار سرانجام بجائی خواهد رسید که هر گاه احیاناً از طرف مردم

ایران ناهمواریهائی بشما وارد شده‌باشد برای شما مایهٔ مسرت خاطر خواهد گردید .»

همین مؤلف در جای دیگر کتابش در باب ایران نوشته است :

« با وجود تمام این حرفها براستی که ایران خیلی بالاتـر از اینهاست . مردمی دارد قدیمی که انسان خواهی نخواهی بآنها دلبستگی پیدا میکند . مردمی سخت محبوب و نازنیند امـا افسوس که گذشتهٔ بسیار درازی که سرتاسر هجوم و استیلا و مصائب و بدبختی و قتل وغارت و خون و آتش بوده‌است چنین مردمی را سست و ضعیف و ناتوان ساخته است ولی همین‌مردم رفته رفته دارند نیرو و خصایل از دست رفتهٔ خود را از نـو می‌یابند .»

مؤلف از قول مورخ انگلیسی سایکس (۱) دربارهٔ ایرانیان نقل‌میکند:

«ایرانیان دزدند و محال است که کسی بتواند منکر این معنی بشود . انسان در ایـران خود را اغلب در غارهای علی بابا و دزدانی که وصف آن در هزار و یك شب آمده است می‌بیند و از همه بدتر آنکه مردم کمترین اعتنائی‌هم براستگوئی ندارند.»

و باز میگوید :

۱ـ رجل سیاسی و نویسندهٔ معروف فرانسوی که چندین کتاب دربارهٔ ایران نوشته است .

« با مطالعه در تاریخ ایران علل و اسباب پاره‌ای از جنبه‌های اخلاقی ایران و علی الخصوص این بی‌اعتنائی کامل آنها به راستگوئی و حقیقت گوئی روشن میگردد و علت واقعی همان چیزی است که گوبینو آنرا به « کتمان» تعبیر نموده است .

کتمان در حقیقت عبارت است از همان نرمی و ملایمتی که چه بسا بصورت همان بی‌حالی و بی‌اعتنائی معروف ایرانیان جلوه گر میشود و حکم نقاب و «ماسک‌ی» را پیدا میکند که پنداری ایرانیان بصورت خود زده‌اند . این کتمان در واقع با خستگی روحی فرقی ندارد و عبارتست از رغبت مفرطی که ایرانیان عموماً بنفع و سود فوری وبه «دم را غنیمت دان»(۱) دارند و بدبینی و بی‌اعتقادی وبی‌ایمانی که از خصایص اخلاقی آنهاست ازهمینجا سرچشمه میگیرد . »

مؤلف از قول گوبینوی سابق‌الذکر مینویسد :

« اگر ایرانیان توانسته‌اند در مقابل آن همه حمله و هجوم و استیلا استقامت بورزند و زنده بمانند تنها از راه همین خم کردن گردن و سر فرودآوردن بوده است در صورتی که اگر میخواستند سربازان و سلحشوران شجاعی باشند و بجنگند و

Carpe diem ۱– بزبان لاتینی یعنی «روز حاضررا غنیمت شمار» است و از سخنان معروف **هوراس** شاعر معروفردوم قدیم است در یك قرن قبل از میلاد مسیح .

مبارزه کنند بلاشك بكلی از میان رفته قلع و قمع و ریشه کن
شده بودند و بهمین ملاحظه درمقابل وحشیگری وسبعیت وزور
و نادانی و خشونت هوشمندی و مهارت را سپر خود ساختند و
بهمین وسیله توانستند اسرار خـود را در سینه پنهان و محفوظ
بدارند و حقایق و معانی گرانبها را از خطـر بر کنار داشته
مصون بدارند و خلاصه آنکه از بر کت همین سلاح « کتمان»
که بعدها در مقابل تعصبهای مذهبی بکار بردند توانستند زنده
بمانند . »

و باز از زبان همین گوبینو :

« [در مذهب ایرانیان] مواردی وجـود دارد که سکوت تنها
کافی نیست بلکه باید متوسل باقرارکاذب گردید و آنجاست که
دیگر تردید جایز نیست و آنوقت دیگر نه تنها باید عقیده و
ایمان واقعی خـود را کتمان داشت و منکر شد بلکه حکـم
بزرگان دین دایر است براینکه باید ازتمام طرق مکروحیله
و تزویر در صدد فریب دادن طـرف برآمد و لهذا هراقرار و
اعترافی که خصم تقاضا نماید مجاز میگردد وهمچنین هرعمل
بی‌معنی و لغوی و حتی میتوان منکر کتابهـای مذهبی خـود
گردید و مخلص کلام آنکه تمام وسایل برای مشتبه ساختن
امر وفریب دادن طرف مجاز میگردد وچون فریب دادن خصم

موجب ترضیهٔ نفس است حکم ثواب را هم حاصل مینماید چون بدین وسیله باعث نجات جان و مال خود و کسان خود گردیده است و بی‌جهت ایمان استوار خود را زیر پای نامبارک کفّار دین نینداخته است بلکه برعکس با همین فریب دادن طرف و غافل ساختن او وسیلهٔ ضلالت و گمراهی او را فراهم ساخته و او را براه باطل هدایت کرده است .»

مؤلف در وصف ایرانیان در موقع ملی شدن نفت مینویسد :

«برای ما اروپائیهائی که در ایران میزیستیم ایرانی آدمی بود تیزهوش و فطن ولی متغیر الاحوال کــه عشقی بدروغ گفتن داشت و در خصوص درستی و شرافتمندی و قول و قرار دارای عقاید خاصی بود که میتوان اسم آنرا « فانتزی » گذاشت . آدمی بود که زیاد شجاعت و شهامتی نداشت و طبعاً «آنارشیست» و اغتشاش پرست بود و همواره نفع و سود خود را بر نفع و سود جامعه مقدم میداشت و از اینها گذشته موجودی بود کنجکاو و ولنگار بدون آنکه ابداً دشمنی و مخالفتی با بیگانگان و اجانب داشته باشد . آدم مهماننوازی بود که خوشش میآمــد طبقهٔ حاکمه را دست بیندازد و مسخره کند وحتی ملاها و خدا را مورد طعن و طنز و استهزا قرار بدهد . ولی همین ایرانی روزی رسید که انگلیسها را از خاک ایران بیرون انداخت و

بدون اینکه کمترین اعتنائی بمنافع خود داشته باشد یکی از
بهترین سرچشمه‌های نفت دنیا را خشکانید و رسماً اعلام نمود
که خود کشی را برحیات تعبدآمیز ترجیح میدهد یعنی حاضر
خواهد شد که خودرا در آغوش روسها که ایرانیان ماننددافعی
شاخدار از آنها میترسند بیندازد تا آنکه از نو بیرق شرکت
نفت را برفراز تصفیه خانهٔ آبادان ببیند .»

و باز دربارهٔ ایرانیان مینویسد :

«ایرانی مدام عاشق آشوب و اغتشاش و درهم وبرهم بوده‌است
و خوشی او در این است که داد و فریاد راه بیندازد و یك
نفررا (هر که میخواهد باشد) توانا و نیرومند و رستم دستان
بخواند اما درعین حال دردل دشنامش بدهد ولغز بارش نماید
وآهسته قاه قاه بخندد وخلاصه آنکه همان صحنه و « کمدی»
خنده‌داری را بازی کند که مظهر زندگانی ایرانیان است . »

دربارهٔ طرز حکومت در ایران مینویسد :

«گمان نمیرود بتوان طرز حکومت دموکراسی را بمعنای
اروپائی آن درین کشور قدیمی که قرنهای زیادی است نسبت
بتمام مهاجمین خود بعادت « جرزدن » خو گرفته است مستقر
ساخت . ایرانی سخت معتقد است که از همهٔ دنیا زیركتر و
زرنگتر است و بهمین جهت او باید سرانجام برهرصاحب قدرت

زورمندی فایق و غالب آید . »

در خصوص وضع مالیات در ایران چنین مینویسد :

«هیچ کشوری در دنیا پیدا نمیشود که در آنجا از لحاظ عمل مالیه و مالیات ظالمانه تر از ایران باشد و مالیاتی که مردم بدولت خود میدهند درست بهتناسب معکوس دارائی و عایدات مالیات دهنده نباشد . چیزی که هست در کشور ایران هر مالیات دهندهای به نسبت و سع و کیسهٔ خود میتواند با امنای دولت بهر ترتیبی شده کنار بیاید و راه این کار هم عموماً چنین است که مالیات دهنده بتناسب ثروت و عایدات و مالیاتی که برایش تشخیص داده داده است شخص وزیر مالیه و یا رئیس کل ادارهٔ مالیات را برای صرف یک فنجان چای بمنزلش دعوت میکند و یواشکی یک عدد اسکناس صد تومانی و یا یک پاکت سر بسته بغل نعلبکی جا میدهد و آنوقت است که مشکل بخودی خود حل میگردد و با این تدبیر دولت هم تا حدی بحق خود میرسد بخصوص که چون ایرانیان مردمان دنیا دیده و با تجربهای هستند عموماً طرفدار حدود و ثغور و اعتدالی هم هستند وحتی در کار رشوه دادن و گرفتن هم قواعد و اصول جاریه را مراعات مینمایند و این حدود و اندازه قابل تحمل است و خلاصه آنکه نه سیخ میسوزد و نه کباب و در این آب و خاک اوضاع و احوال

همواره بدین قرار بوده است .»

دربارهٔ محیط ایران چنین مینگارد :

« محیط ایران با ریزه‌کاریهائی توأم و دارای خصوصیاتی است که اختصاص بخودش دارد . محیطی است که از طعن و طنز وبیفکر و خیالی و خوش‌جوئی (تمام انواع و اقسام خوشیها) وخوشگوئی وسازگاری باهرنوع اخلاق و اطواری (چه در زمینهٔ سیاست و چه در مقام اجتماعیات) تشکیل یافته است . ما فرنگیها وقتی درحق کسی میگوئیم سخت و«ریزبید» ومشکل و استوار است مقصودمان تمجید و تحسین از اوست در صورتی که در ایران چنین آدمی را احمق و نادان میدانند ومیخوانند و وقتی میخواهند کسی را تعریف کنند میگویند « خیلی نرم » است یعنی سهل الانعطاف است و حاضر است بآسانی بهر لباسی درآید وادی الحاجة حقیقت را بهر صورتی که مقتضی باشد جلوه گر سازد . درین محیط وقتی اشخاص تصمیمی میگیرند (عموماً وقتی که جوانند ودر ممالك خارجه تحصیل میکنند ازین قبیل تصمیمها میگیرند) و یا برای خودطریقی را اختیار مینمایند که طریقهٔ اخلاقی آنها باشد بمحض این که بایشان بایران رسید وبوطن مألوف خود مراجعت نمودند تمام آن تصمیمها و آن طرق اخلاقی مانند برف در آفتاب و

مانند روغن جلا (ورنی) در تحت تأثیر الکول آب و بخار میشود و بهوا میرود .»

و باز دربارهٔ ایرانیان مینویسد :

« هر چند ایرانیان قرنهای زیادی است که درتحت حکومتهای سست و فاسد زندگی کرده‌اند و رسماً و بصدای بلند بزرنگی و نادرستی خود مینازند اما عجب آنکه صادقانه برای درستی و پاکی احترام عمیقی قائلند .»

مؤلف نامه‌ای را که یکی از دوستان ایرانی او باو نـوشته است در کتاب خود آورده است و جمله‌های ذیل از آنجا نقل میشود :

« .... مگر وزرا وقشون و پارلمان وسایر چیزها در ایران ما حکم مغاره‌های علی بابای هزارو یکشب را ندارد . این غارها منزلگاه دزدان و راهزنان رسمی است که بـا حرکات دلپذیر و اطوار دلفریب و سخنان دلچسب و لحن و لهجهٔ شاعرانـه در حالی که چای عنبر فام را در فنجانهای بلورین می نوشند در آن غارها با متانت ونزاکت هرچه تمامتر مشغول تقسیم مال و منالی هستند که از مردم و مملکت دزدیده و چاپیده اند . »

و باز در جای دیگری از کتاب در باب اخلاق روستائیان مینویسد :

« ایرانی آدمی است سازگار که با همه چیز میسازد ولو گاهی هم زاندارم زهر خود را باو بچشاند ویا ازدست ارباب (اربابی

که در نظر او تنها مرکز قدرت و اختیار و آب و نانش و حتی منزل ومسکنش در دست اوست) آزار ببیند . در گوشهٔ دنج خود خزیده و با عادات وکار وبار خود شکر خدا را بجا میآورد و اگر احیاناً پارلمان و مجلسی هم در میان باشد یا نباشد برای او کاملاً یکسانست و اگر بخواهی باو بفهمانی که او هم در بین مجلس حقی دارد جوابت را با خنده و استهزا میدهد » .

درجای دیگری از کتاب چنین میخوانیم .

« از تمام اینها گذشته ایران هم رفته رفته دارد وارد میدان دنیای امروزی و زندگانی حاضر و « مدرن » میشود وسرانجام روزی خواهد رسید (خدا بخواهد چنین روزی هر چه زود تر برسد) که دیگر دزدی و نادرستی در طهران بیشتر ودامنهدارتر از نیویورك و پاریس نخواهد بود یعنی البته دزدی از میان نخواهد رفت ولی دیگر اشخاص دزد مثل امروز در مملکت ایران بیپرده و برسم تفریح داستان دزدیهای خود را نقل مجلس قرار نخواهند داد و بالصراحه بدان تفاخر ومباهات نخواهند کرد . . »

و باز بنقل از دوست ایرانی خود چنین آورده است :

« ما ایرانیان حکم اشخاصی را داریم که دایم الدهر منتظر

خدمت باشند و با آنکه در هیچ کاری از کارها بصیرت نداریم حاضریم هرکاری را بعهده بگیریم.

و بالاخره در آخـر کـتـاب برسم امیدواری و خوش‌بینی چنـین می‌نویسد :

« ملت ایران اعم ازین که شهرنشین باشد ویادهقان وروستائی کم کم دارد دستگیرش‌میشود که اگر در امور سیاسی مملکت خود مداخله داشته باشد و در صدد احقاق حقوق خود برآید خواهد توانست وضع زندگانی خود را تغییر داده بهترسازد. درست است که مردم ایران عموماً این مبانی را هنوز بطور مبهمی احساس میکنند ولی همین نیز علامت این است که دارند رفته رفته از مرحلهٔ بی علاقگی و بی اعتنائی بسرنوشت خود قدم بیرون میگذارند ولی چیزی که هست شکی نیست که اگر ایرانیان تصور نمایند که باین زودی وآسانی بمقصود رسیده‌اند ویاخواهند رسید مرتکب اشتباهات عظیمی خواهند شد . »

—۳۹—

در کتابی که دنکس فاربس بعنوان «قلب ایران» بزبان انگلیسی درسال ۱۹۶۲ میلادی نوشته است میخوانیم :

« بایران که اکنون بهار آن آغاز شده بتو فکر کردم وافکارم

با بدگمانی و سوء ظن آغاز شد . جز گرد و خاك و بی‌نظمی و فساد چیزی ندیده بودم . زندگی افراد بطرز عجیبی خالی از اطمینان و ثبات بود . دیده بودم که این كشور دست تقاضا بطرف تمام ملتهای غرب دراز کرده است و در آنجا آنچنان فقر و تهیدستی دیده بودم که در مقابل آن چند درخت نیم‌جان و باریکه ای آب جو حکم گوشه‌ای از بهشت را داشت و مردم کیلومترها سفر میکردند تا بتوانند کنار تپه‌ای در نزدیکی قهوه خانه خرابه‌ای بنشینند » .

ولی سخن را بدین نوع ادامه داده است :

« سپس سحر و افسون این کشور جلوه‌گر گردید و از بدگمانی و بدبینی منصرف شدم و مثبت اندیشیدم و دیدم در این مملکت بزرگ که باندازهٔ نیمی از اروپا وسعت دارد انسان هنوز مهمترین موجود روی زمین است و هنوز برای خود زندگی میکند و وسیله‌ای برای هدفهای دیگر از قبیل تولید بیشتر و دفاع از دموکراسی و پرواز بماه نشده است (۱) . »

—۲۷—

جان شیرمان در کتاب « مردم و سر زمین ایران » که بزبان

۱— بنقل از مقالهٔ فریدون وهمن در مجلهٔ « راهنمای کتاب » ، شمارهٔ اسفندماه ۱۳۴۲ ، صفحات ۹۱۹ تا ۹۲۲ .

انگلیسی در لندن در همین اواخر بچاپ رسیده است در بارهٔ ایران و
ایرانیان مینویسد :

« ایران سرزمین تضاد و افراط است . آب وهوا یا گرمست و
ومرطوب ویا گرم وخشك ویاسرد و خشك . زمین یاحاصلخیز
است و یا بیحاصل و بایر . رودخانهها در بهار پرخروش و پر
آب و در دوران طولانیتابستان خشك است و کمآب و کوهها
رفیع و سر برافراشته است و دشتها پست و خسته کننده. شهرها
یا بسیار زیباست و یا بغایت زشت . مردم یا بینهایت ثروتمند
هستند ویا بیاندازه فقیر. برخی ازمردم کیلومترها بدنبال مرتع
سرتاسر سال ازجائی بجائی در سیر و مسافرتند و برخی حتی
پارا ازشهرومحلهٔ خود بیرون نمی گذارند. منابع تحتالارضی
از قبیل نفت و غیره فراوان و سرشار است ولی در عوض چای
وبرنج و غله با مرارت ورنج بسیار بدست می آید . مردم هم
گاهی خوشرو و سخاوتمندند و زمانی حریص و تنگ چشم
چنانکه گوئی براستی تضاد ، پایانی دربن کشور ندارد . »

مؤلف در پایان کتاب باز از تضاد عجیب و غریبی که در ایران
حکمفرماست سخن میراند و از همزیستی بین کهنه و نو ابراز تعجب
میکنند وازدیدن کشاورزانی که مزرعهٔخودرا بروش پانصدسالپیش کشت
وزرع میکنند و درچند کیلو متر آن طرف تر کارخانهٔ مدرن و آخرین

سیستم « کولا » سازی ساخته شده است و از مشاهدهٔ خر کچی بیچاره ای

که الاغش بار سنگ میبرد و خودش با یك عدد رادیوی ترانزیستوری

ساخت ژاپن سر گرم است متعجب است و از دیدن شکاف عمیقی که از

لحاظ کمبودکار گران متخصص بین هزاران بیکار کارناآموخته و گروهی

کارشناس عالی مقام وجود دارد دچار شگفت وحیرت میگردد(۱) ، ،

—۲۸—

آخرین کتابی که در باب مملکت ما نوشته شده است کتابی است

بزبان فرانسه باسم « هنر و ادبیات درایران » که مجموعه ایست از یازده

مقاله بقلم یازده تن از ایرانشناسان(۲). درین کتاب مقاله ای دیده شد

بعنوان « خاطره هائی از ایرانیان در سالهای ۱۹۴۰ تا ۱۹۶۰ » بقلم

هانری گوبلو که بعضی از قسمتهای آن که ارتباط بااخلاق ایرانیان

دارد ذیلاً بترجمهٔ فارسی از نظر خوانندگان میگذرد :

« [در ایران] بیسواد معنی غیرمتمدن و نا فهم را نمیدهد.

من همینکه وارد خاك ایران شدم متوجه یك نکتهٔ بسیار قابل

۱ـ بنقل از مقالهٔ فریدون وهمن در مجلهٔ « راهنمای کتاب » ، شمارهٔ
اسفند ۱۳۴۲ صفحات ۹۲۳و۹۲۴ .

2- Art et Litterature en Iran - Aspects d'hier et d'aujaurd, hui
« publié sous le patronage de la revue ʿOrientʾ anec le coucours de
l'Association France - Iran, Paris. 1963.

توجهی گردیدم که برای من حکم یك كشفی را داشت .
درقهوه‌خانه‌های محقر ، نه تنها در طهران بلكه حتی درشهر-
های كوچك و دهكده‌ها دیدم اهالی دور یك نفر آدم باسواد
جمع میشوند و آن شخص برای آنها كتاب میخواند و چه
بسا بجای اخبار روزانه از دیوان شعرای معروف برای آنها
قطعاتی میخواند. درایران تقریباً تمام مردم‌اسم شعرای بزرگ
و كتابهای‌آنها وحتی تاریخ عصر و دورهٔ آنها را میدانند وهر
یك از ایرانیان یكی از شعرای نامی را بر دیگران ترجیح
میدهد و ابیات واشعاری ازو درحفظ دارد وبسیاری ازایرانیان
درمواقع گوناگون ابیات بسیار مناسب ازشعرای بزرگ‌ایران
در میان صحبت میآورند، هر روز صبح در ساعت شش‌رادیوی
طهران‌با قطعه‌ای از « شاهنامهٔ » فردوسی برنامهٔ خود راشروع
میكنند وبازهر روز در نزدیكیهای ظهر یك غزل از شعرای
غزلسرا را برای اهالی میخواند . مسیو گودار رئیس ادارهٔ
باستانشناسی حكایت میكرد كه وقتی در شهر طوس درخراسان
بنای فردوسی را میساخته‌اند یك روزمتوجه شده بوده است كه
كارگرها بدور یك نفر جمع شده‌اند و دارند آواز میخوانند
ووقتی تعجب كنان نزدیك میشود می‌بیندكارگران كه عدهٔ آنها
بالغ بردویست نفر بوده‌است بدور یك نفر كه باسواد بوده‌ومیتوانسته

است « شاهنامه » را بخوانند جمع شدهاند و دارند اشعاری از فردوسی را باصدای بلندتکرارمیکنند و معلوم میشود که یکی از آنها دو هزار بیت از « شاهنامه را از بردارد ».

و درجای دیگر همین مقاله میخوانیم .

« ایرانیان چنان شوق بدرس و سواد دارند که خودم اشخاص تهیدست و سادهای رادرآن کشوردیدم که بلاشك بیسواد بودند و بخرج خود در محلههای جدید شهر که درآنجا ساکن بودند برای مدرسه خانه وعمارت میساختند . »

—۲۹—

درشمارهٔ ۷ مجلهٔ جدید التأسیس « کاوه »(۱) که در این زمان اخیردرشهر مونیخ (آلمان) انتشارمییابد درتحت عنوان«آه!!ایرانیها!!» نامهای دیده شد بقلم یك زن آلمانی بنام **دوروته آلوتر** که چندجمله از ترجمهٔ فارسی آنرا که با اخلاق جوانان ایرانی مقیم آلمان سروکار دارد در اینجا میآورد بخصوص که عقاید و آراء این خانم آلمانی شاید در حق قسمتی از جوانان ایرانی که در ممالك دیگر درس می خوانند صدق نماید .

۱ـ شمارهٔ نوروز ۱۳٤۳ ش .

« . . . من از دیر باز علاقه‌ای مفرط بمملکت شما و ایرانیان داشته‌ام . این موضوع . . . حاصل از یك علاقهٔ پا کی‌ای است که بایران و تمدن قدیم و ادبیات آن (که ما ترجمه‌های آنرا میتوانیم بدست آوریم) دارم و ازین گذشته من یك احترام خیلی عمیقی برای بعضی از مردان و زنان ایرانی که درین چند سال اخیر شناخته‌ام دارم . چیزی که مرا رنج میدهد این است که بكرات از افراد مختلفی و در مواقع مختلفی میشنوم که میگویند :

« آه ! ایرانیان ! »

و بخصوص با یك لحن نفرت‌آوری . متأسفانه هم نمیتوان گفت که ایرانیها در آلمان محبوب هستند و این‌موضوع است که بخصوص مرا رنج میدهد . من از اشخاص دیگر و نیز از خودم درین باره سؤال کرده‌ام که چرا مردم بكرات تنفر خود را ناگهان نسبت بایرانیها بروز میدهند ... من در یك مدرسه شبانروزی زبان آلمانی معلم هستم و مرتب با ایرانیهای جوانی که مستقیماً بآلمان میآیند در تماس میباشم و میتوانم آنها را بخوبی چند ماهی تحت مطالعه و مشاهدهٔ دقیق قرار بدهم . من نمیخواهم باین احوال و اخلاق خصوصی چند نفر جنبهٔ

عمومی بدهم ولی اغلب این حالتها نمونه‌هائی کاملاً «تی‌پیك»(١)
هستند .

.... جوانان ایرانی اغلب بعلت بی‌ملاحظگی رفتـار و
در اثر خود خواهی انظار را متوجه خود میسازند(٢) . . . .
دانشجویان ایرانی اغلب کوشش و تلاشی که بویژه برای یك
دانشجوی خارجی لازمست ندارند ... چیزی که این جوانان
برای آموزش کم دارند انضباط در آموزش است ... با هوش
تنها . . . یك خارجی نمیتواند در آلمان بهدف خود برسد .
از چیزی که من بکرات یكه خوردهام نارسائی و عـدم دانش
آنهاست در مورد گذشتۀ مملکت خودشان . تمدن و ادبیات
و تاریخ و همچنین در مورد زبان مادری خویش و متأسفانـه
همچنین دین اسلام . وقتی یك نفر آلمانی با معلومات عمومی
بیك نفر ایرانی برخورد میکند میل دارد بـا او دربارۀ اسلام
و تخت جمشید وفردوسی وهینیاتور ... صحبت کند ولی اغلب
شخص با برخورد با بسیاری از جوانان دیپلمه بفضائی خالـی
برمیخورد و اغلب درك میکند که خود درین موضوعها از آنان

١- typich : یعنی عمومیت را میرساند و مظهر کلی است (ج . ز .)
٢ـ درینجا نامه نویس اشاره بعادت جوانان ایرانی میکند که درخانۀ
مردم دوستان خود را دراطاق خود جمع میکنند و سروصدا راه میاندازند و
«این سروصدا بآسانی منجر بهنزاع میشود» (ج . ز .)

بیشتر چیز میدانند . . . چرا جوانهای ایرانی باید صد مرتبه بیشتر برای « ویترین » ها و زندگی راحت ما مجذوب باشند تا برای هنر وموسیقی و ادبیات ومسائل معنوی دیگر ما . . . باید بگویم که من با افرادی از ایرانیها هم برخورد کرده‌ام که حقیقةً بهتر ونجیب‌تر از آن نمیتوان آرزو کرد ، ایرانیهای مهربان ، بخشنده ، موقع شناس ، درست و صحیح ، تا منتهی درجه دقیق وبا احتیاط ... من برای خاطر این نوع ایرانیان و بنابر آوازهٔ بلند ایرانیان این نامه را نوشتم تا شاید بتوان کاری کرد که ایرانیان در نزد ما عزیز و محترم بشوند . »

(قسمت چهارم)

پاره ای از آنچه بعضی از خودمانیها در حق همو طنانشان گفته‌اند

از فرنگی و ترك و تاتار و عرب كذشته خود ایرانیان هم احیاناً در حق هموطنانشان (یعنی در حقیقت در حق خودشان) سخنانی دارند که ما برسم نمونه و مثال چند فقره از آنها را درینجا نقل میکنیم و از خداوند خواستاریم که اگر درین کار مرتکب گناه و معصیتی شده‌اند آنها را ببخشد :

‫ـ۱ـ‬

عبدالله بن مقفع در مكارم اخلاق ایرانیان در قدیم‌الایام چنین مینویسد :

« آنها دختران خود به بیگانگان ندادندی و دختران بیگانه بزنی نخواستندی . همه کس را بخانهٔ خود نان دادندی و بخانهٔ دیگر کس نان نخوردندی . چون درحق کس نیکی خواستندی

کرد با کسی مشورت نکردندی و چون در حق کسی وعــده
کردندی هرگز از آن برنگشتندی و چون کسی را بعطا و
نواخت خود مخصوص گردانیدندی هر سال آن وقت بدیشان
دادندی . بکردار بیش بودندی که بگفتار . هرگز گنهکاران
را عقوبت نکردندی مگــر پس از آنکه خشم ایشان ساکت
شده بودی » .

—۲—

وحشی بافقی در باب احوال مردم عهد خود (قرن دهم هجری
قمری) چنین سروده است :

مضطرب ، آشفته خاطر ، تنگدل ، اندیشناك
هم وضیع و هم شریف و هم صغیر وهم کبار

دست از تریاك کوتاهست و جان اندر خطر
پا نهی تاریك شب چون بر سر سوراخ مار

از پریشانی فرامش کرد مادر طفل خویش
بلکه رفته شیر هم از یاد طفل شیر خوار

هر جماعت در خیالی ، هر گروهی در غمی
این که چون آرام گیرد وان که چون گیرد قرار

چون قوی زور آورد دارد ضعیفان را که پاس
گر جهد بادی بدامان گو که آویزد غبار

گرگهای تیز دندان را که دندان بشکنند

وین لگدزن استران را چون توان کردن مهار

—۳—

میرزا ابوالقاسم قائم مقام فراهانی متخلص به ثنائی در نکوهش ایرانیان درجنگ با روسیه قطعهٔ مشهوری دارد که ما دراینجا بنقل ابیاتی ازآن قناعت میورزیم :

«آه ازین قوم بی حمیت و بی دین

کرد ری و ترک خمسه و ار قزوین »

«عاجز ومسکین هرچه دشمن و بدخواه

دشمن وبدخواه هرچه عاجزومسکین»

«دشمن ازیشان بهعیش وشادی وعشرت

دوست ازیشان بآه و ناله و نفرین»

«رو بخیار و کــدو نهند چو رستم

پشت بخیل عدو کنند چو گرگین»

«دسترس ار بودشان بچرخ نماندی

مزرع سبز و سپهر خوشهٔ پروین»

چنانکه میدانید سراینده این اشعار قائم مقام از بزرگان فضلای عهد اخیر ایرانست و پس از خدمتگزاریهای بسیار بآب و خاک ما در روز ۲۹ صفر ۱۲۵۱ قمری (۲۷ ژوئن ۱۸۳۵ میلادی) درباغ «نگارستان»

بامر محمد شاه قاجار دستمالی در حلقش فرو بردند و اورا خفه کردند (چونکه محمدشاه سوگند یاد کرده بود که خون اورا نخواهد ریخت).

گری بایدوف سفیر روس در ایران در کتابی که در باب ایران نوشته (در جلد سوم صفحهٔ ۲۷۹) در خصوص قائم مقام چنین نوشته است :

« این شخص با هوش ترین و فاضلترین تمام مردم ایران است و اگر این شخص در اروپا هم میبود دارای شهرت کامل و مقامی بس ارجمند میگردید ».

معروف است که چون قائم مقام بباغ « نگارستان » رفت و دیگر بیرون نیامد از همان تاریخ این مثل در طهران و ایران مصطلح گردید که « صبر کن تا قائم مقام از باغ بیرون بیاید . »

ـ۴ـ

میرزا عبدالحسین معروف به **میرزا آقاخان کرمانی** (در ۴ صفر ۱۳۱۴ ق در تبریز سرش را بریدند) در کتاب « سی مقاله » در حق هموطنان خود چنین نوشته است و خدا میداند که اگر میدانست که عاقبت سرش بدست هموطنانش بریده میشد چه میگفت :

« کمتر کسی از اهالی ایران است که میر غضبی ندانند یا ستم و تعدی ندانند و ظلم و بی انصافی نپرورد و تمام سکنهٔ آن ویران و خرابه از طبقهٔ حکماء و حکام و وزرا گرفته تا حمال و بقال همه ستمگر و بی مروت و همه خونخوار و بی مرحمت و همه

فریاد دارند که چرا ما میرغضب باشی‌نیستیم وهمه می‌خواهند

ظالم منفرد وحاکم مستبد و جلاد باشی باشند ».

ـ۵ـ

یکی از شعرای قدیمی ما که نامش بر نگارنده معلوم نگردید و

عموماً « **لاادری** » خوانده می‌شوند در باب مملکت ایران و هموطنـان

خود سروده است :

« الحذر ای غافلان زین وحشت آباد ، الحذر

الفرار ای عاقلان زین دیو مردم ، الفرار

ای عجب ، دلتان نه بگرفت و نشد جانتان ملال

زین هواهای عفن وین آبهای ناگوار

عرصه‌ای نـادلگشا و بقعه‌ای نـادلپسنـد

مردمی نا سودمند و تربتی ناسازگار

مرگ در وی حاکم و آفات در وی پادشاه

حکم دروی قهرمان و فتنه دروی پیشکار(۱)

ـ۶ـ

میرزا نعیم‌سدهی (اصفهان) در بارهٔ بعضی علمای متشرع

قشری عالم نما گفته :

۱ـ بنقل از «صندوقچهٔ اسرار» ، جلد اول ، صفحهٔ ۱۲۰ .

« خیالشان همه کوتاه و چشمشان همه تنگ

فنونشان همه وهم و شئونشان همه دون »

— ۷ —

شادروان میرزا محمدخان قزوینی در بارهٔ بعضی از ایرانیان خیانتکار که بحمدالله بسیار نادرند چنین نوشته است :

« یزدجرد سوم و سرداران قشون او که با آن همه قوت و قدرت وجاه و جلال وجبروت و تمدن و ثروت که یراق اسبشان از نقره بود و نیزه‌هایشان ازطلا (یا برعکس) نتوانستند سدی درمقابل خروج آن عربهای فقیر ولخت سروپا برهنه ببندند.... بعضی ایرانیان خائن و عرب مآبان آنوقت از اولیای امور و حکام ولایات ومرزبانان اطراف که بمحض اینکه حس کردند که در ارکان دولت ساسانی تزلزلی روی داده و قشون ایران دردو سه دفعه از قشون عرب شکست خورده‌اند خود را فوراً بدامان عربها انداخته و نه فقط آنهارا در فتوحاتشان کمک کردند و راه وچاه را بآنها نمودند بلکه سرداران عرب را به تسخیر سایر اراضی که در قلمرو آنها بود و هنوز قشون عرب بآنجا حمله نکرده بود دعوت کردند وکلید قلاع و خزاین رادودستی تسلیم آنها نمودند بشرط اینکه عربها آنهارا بحکومت آن نواحی باقی بگذارند . کتب تواریخ بخصوص «فتوح البلدان » بلاذری

از اسامی شوم آنها پُر است و یکی از معروفترین آنها ماهویهٔ سوری‌است...همچنین بعضی از ایرانیهای دیگر که در بسط نفوذ عرب و زبان عرب فوق‌العاده مساعدت کردند مثل آن ایرانی بی‌حمیت که برای تقرب به حجاج بن یوسف دواوین ادارات حکومتی را که تا آنوقت بفارسی (یعنی پهلوی) بود بعربی تبدیل کرد ویا مثل خواجهٔ بزرگ شیخ جلیل شمس‌الکفاة احمد بن الحسن ـ المیمندی وزیر سلطان محمود که پس از چهارصد سال از هجرت و خاموش شدن دولت عرب در خراسان و نواحی شرقی ایران تازه آقای کافی‌الکفاة از جمله کفایتهائی که بخرج دادیکی این بود که دواوین ادارات غزنویه را که وزیر قبل از او ابوالعباس فضل بن احمد اسفراینی بفارسی تبدیل نموده بود او دوباره بعربی تبدیل کرد (تاریخ یمینی ، طبع مصر، جلد دوم صفحات ۱۷۰ و ۱۷۱) .

قتیبة بن مسلم باهلی سردار معروف حجاج را که چندین صد هزار ایرانیان را در خراسان و ماوراءالنهر کشتار کرد و در یکی از جنگها بسبب سوگندی که خورده بود اینقـدر از ایرانیان کشت که بتمام معنی کلمه از خون آنها جوی روان گردید و گندم آرد کردند و از آن آرد نان پخته تناول نمود و زنها و دختر های آنها را در حضور خودشان بلشکر عرب

قسمت کرد ، قبر این شقی ازل و ابدرا پس از کشته شدنش زیارتگاه قراردادند و همواره برای تقرب بخدا وقضای حاجات « تربت آن شهید » را زیارت میکردند » (تاریخ بلخ ، طبع شفر در « قطعات منتخبهٔ فارسی » .

—۸—

آقای سید حسن تقی‌زاده در روزنامهٔ « کاوه » منطبعهٔ برلن (شمارهٔ ۷ از سال پنجم ، غرهٔ ذی‌القعده ۱۳۳۸ معادل با ۱۷ ژوئیه ۱۹۲۰ میلادی) درضمن صحبت از « تفاخرات بی‌معنی » بعضی از ایرانیان و « حمیت جاهلیت که از تعصبات بی‌معنی ووطن‌پرستی کاذب ناشی‌میشود » چنین نوشته است :

« دوای این درد مزمن آنست که بواسطهٔ نشر حقایق علمی ایرانی‌را برتهیدستی‌مادی ومعنوی‌خود ملتفت‌سازیم وباصطلاح آب‌پاکی‌روی دستش ریخته‌شود تاهمت کسب کمالات خارجی و عدم قناعت ببضاعت‌قلیل بلکه‌حالت‌افلاس خود دروی بحرکت آید . ایرانیان خیال می‌کنند که آنها در گذشته یك تمدن عالی درخشان مانند تمدن یونانیان داشته‌اند . وقتی که‌حقایق علمیه وتاریخیهٔ مثبته در جلو نظر آنها گذارده شود خواهند دید که ایران بعلم و ترقی دنیا کمك خیلی زیادی نکرده

و مانند همهٔ ملل‌عالم دراغلب آنچه هم که داشته مدیون‌تمدن وعلم یونان بوده است » .

۹۔

درست در سی‌ودوسال پیش‌مقالهٔ مفصلی بقلم ابراهیم‌خواجه‌نوری بعنوان « مشهودات گفتنی » در روزنامهٔ « شفق سرخ » که بمدیریت علی‌دشتی‌درطهران بچاپ میرسید انتشار یافت (شمارهٔ اول‌شهریور ۱۳۱۱ ش) که ما درینجا قسمتهائی از آنرا از نظر خوانندگان میگذرانیم :

« امروز درستی وراستی بیشعوری محسوب میشود . حس ملیت و قومیت و نوع دوستی جزو خرافات و اباطیل بقلم میرود و حتی محبت به فامیل و علاقه بزن و بچه و برادر و خواهرهم مورد تمسخر و مضحکه واقع گردیده است و یك مشت مردم بی مسلك و بی « ایدآل » وعاری از هر گونه مقدسات تمام مراتب عالی انسانی را از دست داده در قعر منجلاب خود ـ خواهی‌وخودپسندی مثل مگسهای بال‌شکسته دست‌وپامیزنند. اما اولاد سیروس از ترس اینکه مبادا ازو سعایتی بکنند و یا بوضعیت اداری یا نجارتی او لطمه‌ای وارد آید خودش قبلاً عنوان با شرافت جاسوسی داخله وخارجه را میخرد و برای خودشیرینی ازاختراع هیچ دروغی ودوختن هیچ پاپوشی مضایقه نمینماید و اگر باو بگوئید که جاسوسی بر ضد مملکت

بی‌شرافتی‌است شانه را بالا انداخته میگوید اینها «پره ژوژه»
است... . اعتماد که پایه واساس زندگی اجتماعی است از
ایران یکسره رخت بربسته است. وزیر برؤسا اعتماد ندارد ،
رؤسا باعضا اعتماد ندارند، عارض بوکیل اعتماد ندارد، وکیل
بقاضی اعتماد ندارد ، زن بشوهر و برادر بخواهر و حتی پدر
به پسر اعتماد ندارد و همه هم‌حق‌أدارند.»

ـ۱۰ـ

عارف (ابوالقاسم) قزوینی شاعر وتصنیف ساز بسیارعزیزومشهور
ما نیز دربارهٔ هموطنانش سخنان واشعار بسیار دارد که دالّ بر دل پردرد
آن رادمرد دوست داشتنی است و از آن جمله است :

ابیاتی ازغزل«قحط‌الرجال» (باید دانست که این سخنان و
ابیات مربوط بزمان گذشته است) :

قحط الرجال گشت در ایران که از ازل

کوئی که هیچ مرد درین دودمان نبود

جز اجنبی و خائن و بیگانه محرمی

در آستان شاه و ملک پاسبان نبود

در اجنبی پرستی ایرانی آنچنان

داد امتحان که بهتر ازین امتحان نبود

ز اول بنای مجلس آزادی جهان

شرمنده تر زمجلس ما پارلمان نبود

ایران بروزگار تجدد چه داشت، گر

مفتی وشیخ ومفتخور و روضه‌خوان نبود

☆☆☆

از قطعه‌ای که در دیوان عارف(۱) در تحت « هیئت کابینهٔ تکیهٔ دولت» آمده است :

. . . .

. . . .

شده‌است هیئت کابینه تکیهٔ دولت

که شمر دیروز امروزمیشود مختار

عروس قاسم روزی رقیه می‌گردد

لباس مسلم می‌پوشد عابد بیمار

همان که هنده شدی گاه میشود زینب

یزید هم زن خولی شودچوشد پیکار

فغان و آه ازین مردمان بی‌ناموس

امان زمسلك این فرقهٔ کله بردار

کسی ندیده که یك نوعروس‌صدداماد

کجارواست که تامین‌یکی‌وصدسردار

____

۱ـ چاپ طهران ، ۱۳۲۷ شمسی ، بدستیاری و همت سیف‌آزاد .

❀❀❀

ابیاتی از قطعه‌ای خطاب به علی‌بیرنگ از دوستان یکرنگ عارف:

. . . .

. . . .

با که توان گفت درد خویش در این ملك

وز که توان بود امیدوار ، علی جان

عالم و جاهل بیك ردیف در انظار

خادم و خائن بیك قطار ، علی جان

ملت وجدان کش و زبون و ریا کار

بار برغیر و بردبار ، علی جان

باربر انگلیس و کارگر روس

مردم بی قدر و اعتبار ، علی جان

لعن بر اشراف مفتخوار کن و لعنت

بر پدر شیخ لاشخوار ، علی جان

هیز طبیعت ، محیط فاسد و مسموم

بشکند این چرخ کهنه‌کار، علی‌جان

—۱۱—

باز در « شفق سرخ » شمارهٔ ۶ شهریور ۱۳۱۱ ش .) مقالهٔ دیگری

بقلم نامور بچاپ رسید و چند جملهٔ آن مقاله در بارهٔ اخلاق هموطنان از بنقرار بود :

« ... در گرداب نمایم و قبایح مستغرقند وپای بند هیچیک از ملکات اخلاقی نیستند و بشئون و مقدسات فردی و اجتماعی اعتنائی ندارند و جز پر کردن کیسه و اطفاء شهوات مشئوم از زندگی چیزی نمیفهمند. دروغ میگویند، فریب میدهند، مانند خاکشیر بهر مزاجی میسازند و درمقابل هربادی تسلیم میشوند و اینکار را زبردستی و زرنگی میدانند . حقایق را زیر پا گذاشته و برای استرضاء خاطر کسی که خود را محتاج بوی و اورا قوی‌تر از خودتصور میکنند « بله قربان ، بله قربان » و « صحیح است ، صحیح است » میگویند و از خود رأی و اختیاری ندارند . امروز از یک چیز تعریف می کنند و فردا با لحن زنندهای همان چیز را تکذیب مینمایند و مبالغه را در تعریف و خوش آمد گوئی بجائی میرسانند که مقام فرشتگان آسمان را بیک نفر میدهند ولحظهای بعد بدون این که گفته های سابق خود را در نظر بیاورند همان شخص را مجسمهٔ وقاحت و جانشین ابلیس میخوانند . . . . واز طرف دیگر هرچه بمر کز نزدیکتر شوید از سرزمین راستی وصداقت وادب وانسانیت دورشده بمر کز دنائت وخبائت وفحشاء و

نادرستی نزدیك میشوید تا آنجا كه بمركز شهر یعنی لاله‌زار میرسید و در اطراف خود جز یك عده اشخاص شهوتران نالایق الكولی رنگ پریده و معلول و ناتوان چیز دیگری مشاهده نمیكنید . »

—۱۲—

در همین اواخر قطعه شعری بعنوان « دانا نتواند ندهد پند » اثر طبع بلند دانشمند محترم حسنعلی حكمت دیده شد كه ابیاتی از آنرا در اینجا نقل مینمایید(۱):

« خودخواهی و خود بینی و خود رائی جاهل
بر دیدهٔ بیناش یكی پرده بیفكند
ای آه از آن علم كه شد با غرض آگین
ای وای از آن جهل كه شد با مرض آكند
هر كس نگری فتنهٔ خویش است و نبیند
آن فتنه كه در شهر بهر گوشه فروزند
هرگز نرود كار باصلاح چو باشد
هم مصلح و هم مفسد در كارهمانند
یك ارج همی بینی هم خائن و خادم
یك نرخ همی بینی هم طرفه و ترفند

<hr>

۱ـ بنقل از مجلهٔ « خواندنیها » ، شماره ٤٤ ، سال ۲٤ .

مشك است فزون از مشك در قیمت و مقدار

پتیاره معزز تر از مردم فرهمند

هر بـی هنری كــو ره تقلید بدانست

داننده‌ش هنرورتر از هر كه هنرمند

این كاخ نشینان ز وزیران و مدیران

در پیچ و خم كارند درمانده ودر بند

باطن همه پرداخته از زیـور دانش

ظاهر همه آراسته از دفترو پروند

یك امر نینجامد بی توصیه و امر

یك كارنمی چرخد بی‌بدره و بد كند

هرتازه كه‌آید بكنند لعن به پیشین

خواندش دغل كاره و دیوانه و دروند

آن كهنه زند طعن بر آن تازه كه‌آید

داندش سبك مایه ودون پایه وارغند

گر نیك ببینی گنه از كهنه‌و نو نیست

آن نیست‌تهی‌شاخه و این‌شاخ برومند

گر كهنه و گرنو بر دانا نكند فرق

گرنوهنری باشدا گر كهنه خردمند

سو گند که گردند زیزدان به پشیزی

گردند به اهریمن هم عهد بسو کنند

از قید قوانین و قواعد همه آزاد

در بند تقالید و تظاهر همه دلبند

از درج شده ساقط چون حرف اضافات

برغیر زده تکیه چون واژهٔ پسوند

طبل تهی و پرشده آواز همه جای

بی مایه و با داعیه لافنده و پرفند

هردم گرهی بر گره ازین گره افزود

هردم غلطی بر غلط این جمع فزایند

خلقی ز خطاشان و جفاشان شده گریان

وانان به عناشان و بلاشان زده لبخند

آخر بخطا این همه پرداخته تا کی

آخر بخطا این همه درساخته تا چند

ـ۱۳ـ

روزنامهٔ «اطلاعات» یکی از دو روزنامهٔ بزرگ و کثیرالانتشار با استخوان ما بشمار میرود . در شمارهٔ ۲۵ اسفند ۱۳۴۲ آن در بارهٔ حوادث فجیعی که در پایتخت مملکت ما در همین روزگار ما اتفاق میافتد مقاله ای دیده شد که چند جمله از آنرا در اینجا نقل مینمائیم هرچند نظیر همین

حوادث در اغلب نقاط دنیا پیش می‌آید :

« ... این حوادث آدم را بوحشت میاندازد زیرا زندگی در یک اجتماعی که حریمی باقی نمانده باشد و انسان از همنوع خودش هیچگونه ایمنی نداشته باشد حقیقةً وحشتناک است . وقتی آدم در خانهٔ خودش امنیت نداشت و در خانهٔ خدا هم امنیت نداشت پس کجا میتواند زندگی کند . مگر آدم چقدر می‌تواند همهٔ حواسش را به‌جیبش، به کفشش، بکلاهش بدوزد که جیبش را نبرند و یا کفشش را نبرند و کلاهش را بر ندارند . من وقتی میشنوم که از فلان امامزاده چراغی بسرقت رفته راستی متأثر میشوم . نه برای خاطر اینکه امامزاده بی‌چراغ مانده است بلکه بخاطر اینکه می‌بینم آخرین ستونهای ایمان و اخلاق هم دارد فرو میریزد ... »

-۱۳-

بنقل از مجلهٔ «خواندنیها» شمارهٔ ۲۶ بهمن ۱۳۴۲ از مقالهٔ «اگر با ایرانی هم اینطور رفتار کنید دروغ نخواهد گفت » بقلم حسن صدر :

« ... آغامحمد خان قاجار صدهزار چشم از مردم کرمان کند. سرجان ملکم می‌نویسد کرمان شهر کوران شد ، بجلادی که چشمها را تحویل میداد گفت خوشوقت باش که کم نیاوردی و گرنه چشم خودت را هم میگفتم بکنند .

« گناه مردم کرمان این بود که یکسال شاهزاده ئرشید و جوانمرد زند لطفعلی خان بر آنها حکومت کرده بود .

« چنین مردمی در مقابل چنان بلای آسمانی در برابر چنین ستمگر سفاك و خونخواری چگونه تملق نگویند و ریا و تظاهر نکنند و بدروغ و دغل متوسل نشوند آیا از چنین ملتی انتظار صراحت و صداقت و شهامت دارید .

« این رفتار تنها در دورهٔ آغا محمد خان نبوده بلکه در تمام دوران تاریخ بیش و کم با اوچنین رفتار کرده‌اند و بنا بر این جز با سالها مصونیت و آزادی و حکومت حق و قانون ، ملت ایران نمیتواند صراحت و صمیمیت پیدا کند . »

—۱۵—

از قضا من روسیاه تهیه کنندهٔ این مقاله نیز در کتابهای خود و بخصوص در «هزار بیشه» و «کشکول جمالی» و «صندوقچهٔ اسرار» مقداری از آراء و عقاید بیگانگان را درباره هموطنانم آورده‌ام و در اینجا قسمتی از آنچه را در کتاب « راه آب نامه » از زبان قهرمان آن کتاب نوشته‌ام (هرچند ابداً سزاوار و شایسته نیست که با کلام و گفتار مؤلفین و صاحبان قلم و ارباب فکر و اندیشهٔ نامدار در یکجا بیاید) طرداً للباب نقل می‌نماید :

« .... غصهٔ این مردم بی‌شعور و بی‌صاحبی را میخورم که هیچ

نمیفهمم چه میگویند و چه میجویند و حرف حسابشان چیست و چرا زندهاند . درین محیط حیرت انگیز با مردمی سروکار پیدا کردهام که حتی بروغن امامزاده هم بندند و از شمال تـا جنوب و از مغرب تا بمشرق هر کلاهی برای برداشتن و هـر جیبی بـرای بریدن و هرپولی بـرای خوردن است . در تمام دستگاههای این مملکت خواه ملیباشد خواهدولتی هیچچرخ و ماشینی نمیچرخد مگر آنکه روغن رشوه بآن برسد . در بالای هردر و هردروازهای بخط جلی نوشتهاند « بیمایه فطیر است » وکارت پیش هر کس گیر بکنند تا باو مراجعه کـردی فوراً دو انگشت شست و سبابهاش را بهم میمالد و میرساند که یعنی کشك . باسم «سبیل چرب کردن» و « خر کریم را نعل کردن» کلیدیدارند که بهرقفلیمیخورد وهردری را میگشایند و هرطلسمی را درهم میشکند و هرمشکلی را حل می کند . مظلومترین مردم کسی است که دستش ازین کلید مشکل گشا کوتاه باشد .

« هرچه بیشتر با این مردم میجوشم و بیشتر با آنها نشست و برخاست می کنم کمتر اخلاقشان بدستم میآید و کمتر ازکار و بارشان سردرمیآورم . حرفهایشان همه سست است وسَربطاقی و ادعاهایشان جمله بیاساس است وپا درهوا . مردم دنیا اگر

دروغی بگویند برای مقصود و منفعتی است ولی اینها محض رضای خدا دروغ میگویند . مردمان لاابالی بی‌بند و باری هستند که از بس گهی پشت بر زین و گهی زین به پشت داشته‌اند لاقید بار آمده‌اند و بسیاری از قیود که در عرف مردم دنیا بشرایط آدمیت و انسانیت معروفست پا بست نیستند چنانکه مثلاً اگر نمك كسی را بخورند فرضاً هم که نمکدان را نشکنند لااقل باسم « کش رفتن » بجیب که خواهند زد . با همهٔ قیافهٔ جدی که بخود میدهند هیچ‌کار دنیا را بجد نمیگیرند مگر در سه مورد مخصوص یکی شکم یکی کیسه ویکی تنبان . وقتی پای این سه چیز بمیان آید یوسف را بکلافی وخدا را بخرمائی میفروشند . چطور میخواهی دلم بحال این مردم کچلك باز و دوز و کلکی مزاج نسوزد که برای حل و فصل معضلات امور و مشکلات دنیا تنها بسه طریقه معتقدند که عبارتست از « سر هم بندی » و «سیاست عالیهٔ ماست مالی» و «روش مرضیهٔ ساخت وباخت» . این هر سه از مبتکرات فکر بدیع واز کشفیات قریحهٔ سرشار خودشان است و درین میدان الحق که گوی سبقت را از جهان و جهانیان ربوده‌اند . بالخصوص در فن «ماست مالی» مهارت عجیبی پیدا کرده‌اند و بالنتیجه مصرف ماست چنان بالا رفته‌است که اگر همه آب دریا ماست شود باز کفاف احتیاجات

را نخواهدداد . فورمول دیگری‌هم دارند که معجون‌افلاطون و دوای هردردی است، وعبارت است از دستور مجرب ومطاع «خودش درست میشود» که اعجاز میکنند . ازتمام اینها گذشته دستگاه شگرفی هم دارند بنام «بوتهٔ‌اجمال» که بمنزلهٔ انبار بی ته و بن و گاوخانی جاودانی بسیار عمیقی است که هرچند قرنهاست‌که هرروز و هرساعت خروارها کار انجام نایافته در آن ریخته‌اند هنوز تا کمر خالی‌است و باز برای نسلهای فردا و پس‌فردا جای خالی‌دارد . این مردم تنها دریك موقع ممکن است از طریق سربطاق کوبیدن اند کی منحرف شوند وآن‌هم درمورد کارهای حسب‌الامری است که آنوقت هرطوروشده برای حفظ ظاهر بظاهرسازی پرداخته و بقول خودشان کاررا فیصله میدهند .»

در «کشکول جمالی» (جلد دوم ، صفحهٔ ۱۰۵) می‌خوانیم :

« عدهٔ زیادی از هموطنان ما خیال میکنند همینقدر که اولاد داریوش وسیروس شدند دیگر نانشان توروغن است غافل ازین که کسی را! از فضل پدر حاصلی نیست و انسان باید مرد کار و همت خود باشد وآدم اصیل و شریف واقعی کسی است که بتواند باطمینان بگوید که دارای فرزند نیك‌سرشت وخردمند خواهد بود نه آن کسی که تنها بافتخار آباء و اجداد خود سربلندی می‌کند .»

«ابن قتیبهٔ دینوری از علمای مشهور قرن سوم هجری (اصلاً ایرانی) دربارهٔ این گونه ایرانیان که به نیاکان خود میبالند و باصطلاح مشهور پنبهٔ لحاف کهنهٔ خود را بادمیدهند چنین نوشته است (بنقل از مقالهٔ «شعوبیه» بقلم جلال همائی در مجلهٔ «مهر» منطبعه طهران) :

«مثل افتخار این گونه مردم بتاج و تخت پادشاهان درست مثل آن کسی است که دیدند در مسابقهٔ اسب دوانی بسیار میخندد و شادی میکند و بخود میبالد . از وی پرسیدند مگر اسبی که در مسابقه پیش افتاد از آن تست . گفت نه اما لگامش از آن من است .»

مسعودی مورخ معروف نیز در همین باب گوید :

« عجمها همه از نسل انوشیروان و پرویز نیستند وانگهی آن دولت از دست برفت و بدولت گذشته بالیدن درست باستخوان پوسیده نازیدن است و کسی که افتخار کند باینکه من از مردم عجم هستم و انوشیروان هم عجم بوده است با کسی که بگوید من از جنس آدمی هستم و انوشیروان هم از بنی آدم بوده است برابر میباشد .

در «صندوقچهٔ اسرار» (چاپ طهران ، ۱۳۴۲ ش. جلد اول ، صفحهٔ ۷۷) چنین آمده است :

ما ایرانیها خیلی از خودمان راضی هستیم واغلب بیگانگانی هم که ما را میشناسند همین صفت خودپسندی واز خود راضی بودن و خودنمائی و خودفروشی را عیب بزرگ ملی ما میدانند و بدیهی است که آنچه بیشتر موجب این صفت گردیده حال و روزگار ما در گذشته است که روزی بزرگ وتوانا وصاحب و سرور در دنیا بودیم و اشخاص بزرگی از میان ما قد علم کردند و ما البته حق داریم کـه بوجود آنها مباهات بورزیم (آن هم با اندازهٔ معقول) وآنچه را تعلق بگذشتهٔ ما دارد دوست وعزیز بداریم و درحفظ آن بکوشیم (بشرط اینکه چیزخوب و ممدوح و پسندیده باشد) .»

پایان

« دعای خیر »

درطی این گفتار شمه‌ای از آنچه را در حق ما گفته‌اند دیدیم . حدیثی نیست که مسرت آمیز ومایهٔ سرافرازی ما باشد . دلسوزی وخشم واستغفار هم درمان این درد و دوای این مرض نمیگردد . باید کوشید و درصدد علاج برآمد و این خود یکی از وظایف **سمینار مسائل ایران** و بلکه مهمترین و مفیدترین وظیفهٔ او خواهد بود .

داریوش شاهنشاه بزرگ ایران در دوهزار و پانصد سال پیش در سینهٔ کوههای شامخ ایرانزمین خطاب بپادشاهان آیندهٔ این مرز و بوم بر سنگ چنین نوشته است :

« تو ای کسی که میخواهی پس ازین پادشاه باشی از دروغ بپرهیز و دروغگورا کیفر بده .... تو ای کسی که میخواهی پس ازین پادشاه باشی دوست مردی مباش که دروغگو و یا زورگوست بلکه دروغگو وزور گوراسخت کیفربده . . »

امروز این خطاب مستطاب نه تنها بوالاترین فرزند این کشور بلکه بتمام افراد ایرانی نژادی است که باین مرز وبوم علاقمندند و از دل و جان سعادتمندی ورستگاری آنرا خواستارند . باید دروغگو وزور گو و پلید خوئی را کیفرداد وسخت کیفر داد .

قریب بهمان زمان داریوش هرودوت مورخ بسیار معروف یونانی

درحق نیاکان ما چنین گفته است :

« ایرانیان مجاز نیستند از چیزی که عملش زشت و قبیح وغیر مجازاست سخن برانندو در نظر آنها هیچ چیز شرم آور تر از دروغ گفتن نیست و از دروغ گذشته وام گرفتن هم در نزد آنها بغایت زشت و مکروه است و علتی که برای زشتی وام بیان میکنند این است که آدم مقروض گاهی مجبور میشود دروغ بگوید.»

باید از یزدان پاك درخواست نمائیم که ما را از شر وزبان دروغ که بزرگترین نشانهٔ تبهکاری و فساد است در امان بدارد و زندگانی ما را سامانی ببخشد که محتاج بوام گرفتن از خودی و بیگانه نباشیم .

باید دعا کنیم که درسایهٔ اصلاحات سیاسی واجتماعی واقتصادی وفرهنگی وسیع وعاقلانه که هماهنگ با وضع دنیای آزاد و مرفه باشد روزگار ما ایرانیان رفته رفته چنان تغییر یافته دگرگون گردد که باز حتی دشمنان ما مانند مورخ یونانی دوهزار وچهارصد سال پیش باهمین زبان وباهمین لحن تعظیم و تکریم در حق خودمان و در حق فرزندان و فرزندان فرزندانمان با احترام و تمجید سخن برانند و بگویند ایرانیان بدستور پیامبر بزرگ ایرانی خودشان زرتشت عمل میکنند :

« درست میاندیشند ،

درست سخن میرانند ،

درست رفتار میکنند »

سید محمدعلی جمالزاده

ژنو، فروردین ۱۳۴۳

شیوهٔ انتقاد

شیوهٔ انتقاد*

اساساً نقد کتاب ، اگر مقصودتان نقد کتاب ادبی باشد والا برای موزیك و نقاشی و مجسمه‌سازی و تیاتر وعلوم و شعبات دیگر فعالیتهای فکری انسانی شرایط متفاوت ودگر گون می‌گردد و همانطور باید باشد که خودتان در پرسش‌نامهٔ خود درسطراول مذکور داشته‌اید یعنی :

« دقیق و عالمانه و از غرض و هوس بدور و بـا انصاف و اعتدال همراه باشد و چگونگی مضامین کتاب و ارزش آن‌را چنانکه هست نمایان سازد» .

چنانکه سابقاً نیز در جواب پرسشهای « راهنمای کتاب » در باب ترجمهٔ ادبی متذکر گردید در خصوص انتقاد ادبی کتابهای بسیار بزبان‌های خارجی نوشته شده است و ترجمهٔ آنها بزبـان فارسی بطبع و نشر آنها خدمت بس عالی بادبیات ما خواهد بود . اولین اقدام را در ایـن راه آقای زرین کوب با انتشار کتاب بسیار نفیس خود «نقدادبی» برداشته است و مطالعهٔ دقیق این کتاب گرانبها برهر کسی که برای انتقاد کتابی از کتابهای ادبی قلم بدست میگیرد لازم است والبته بسیار سودمند خواهد

---

* این گفتار قبلا در «راهنمای کتاب» انتشار یافته است .

بودکه قدم دوم را هم خود ایشان بردارند یعنی یکی از بهترین کتابهای فرنگی را درباب انتقاد ادبی ترجمه نموده بچاپ برسانند تا اکرام عمیم ایشان جامهٔ اتمام بپوشد .

درضمن همان جواب خود دربارهٔ ترجمهٔ پاره‌ای از نظریات و عقاید خودم را در خصوص انتقاد هم بعرض رسانده بودم باز مجملا آنچه را بفکرم میرسد (هرچند درین زمینه ناشی و تقریباً نادان بودم و مطالعه و تمرین ودر دستم بکلی ناکافی و ناشاد است) برایتان در ذیل می‌نویسم .

نقاد کتابهای ادبی باید خود تاحدی ادیب باشد . متقدمین باشرایط ما ادیب بودن را نشان داده‌اند و آنچه را نظامی عروضی درین باب نوشته است همه می‌دانند ولی آن شرایط امروز برای جوانانی که درمدرسه باید صدها چیزدیگررا هم غیرازآنچه مستقیماً مربوط بعلم ادب است فراگیرند وسالها شب وروز مشغول تحصیل مواد برنامهٔ بسیار سنگینی هستند، امکان پذیر نیست و لهذا باید دور آنرا خط کشید و تنها آن را برای جوانان معدودی گذاشت که بسائقهٔ ذوق وبحکم فطرت شیفتهٔ ادبیات از نظم ونثر هستند و اوقات خود را منحصراً (یا تقریباً بطور انحصار) بکارهای ادبی مصروف می‌سازند .

نقاد کتابهای ادبی باید مقداری کتابهائی راکه بزرگان تعدادی برانتقاد کتابهای ادبی نوشته‌اند و شهرت دارد خوانده باشد و در ایـن امر تنها بیک شیوه از شیوه‌ها و بیک مسلک از مسلک‌های معروف قناعت نماید. مقصود این است که مثلا گروهی از منتقدین بنام طرفدار « اوبژکتی ـ

ویسم » یا بقول حضرت آقای تقی‌زاده طریقهٔ آفاقی هستند در صورتیکه دستهٔ دیگر هوادار سبك «سوبژ کتی ویسم» یا انفسی هستند و عقل حکم می‌کند که اگر منتقدی بتواند این دو سبك را با هم بیامیزد بطوریکه مراعات توازن هم شده باشد ممکن است نتیجهٔ کارش بهتر از آب در آید اخیراً می‌خواندم که کتابی در خصوص زندگانی و آثار نویسندهٔ مشهور ایرلندی جمز جویس نوشته شده است و چون جویس در ضمن یکی از کتابهای خود نوشته است که در کودکی هنگامی که هنوز در مملكت خود می‌زیسته است در جلو خانه مسکونی آنها چند درخت باردار است آن کسی که در صدد نوشتن ترجمهٔ حال او بوده است با ایرلند مکاتباتی نموده است تا معلوم شود آیا آن درخت ، چه درختی بوده است . این سبك انتقاد که سنت بو(۱) نقاد مشهور فرانسوی را از مؤسسین و مروجین آن میدانند طرفداران بسیار دارد و مربوط است با اصولی که حکیم و مورخ و منقد معروف فرانسوی تن(۲) طرفدار آن بوده وعبارت است از اینکه آثار ادبی وهنری رویهمرفته مخلوق عوامل سه گانه نژاد ومحیط وزمان میباشند .

سبك دیگر انتقاد کـه در فرانسه آناتول فرانس و همچنین ژون لومتر(۳) را از نمایندگان مبرز آن میتوان بشمار آورد (از شما

۱— Sainte Beuve (۱۸۰٤–۱۸٦۹) .

۲— H. Taine (۱۸۲۸–۱۸۹۳) .

۳— Y. Lemaitre (۱۸۵۳–۱۹۱۱) .

چه پنهان راقم این سطور هم در مقاله‌های انتقادی بسیار ناقص وابترو ناشیانهٔ خود آن راه را پیموده است) سبکی است که احساسات منقد را در کار انتقاد و داوری حق مداخله میدهد و مغز و لب معنی و مطلب را کـه مقصود و منظور نویسنده بوده مورد توجه مخصوص قرار میدهد و روبمهرفته بقول طلاب خودمان «من قال» راحتی‌المقدور کنار نهاده به « ماقال» می‌پردازد و منقدین خودمان هم عموماً همین‌طریق‌را پیموده‌اند ومثلا آنچه درباب گفته‌ها و عقاید منصور حلاج برای ما باقی مانده و در دست است از آنچه در بارهٔ جزئیات زند گانی ودوستان و رفقا وپدر ومادر و همسایگان او می‌دانیم بیشتر است مقصود ازین روده درازی این است که نقاد ادبی باید درین رشته کار کرده باشد و کتاب خوانده‌باشد و ورزیده وبینا ودانا همچنان‌که نجار هم اگر شاگردی نکرده باشدواز اصول فن نجاری بی‌خبر باشد نمیتواند نجار باشد .

منقد ادبی باید حکم شاهد عادل و صادق و مؤمنی را داشته باشد در محاکم قضائی و مذهبی یعنی باید جایز شرایط اساسی شهادت دادن باشد . همه میدانیم که این شرایط عبارت است از راستگوئی وحقیقت‌ـ پوئی وبی‌غرضی و بی‌مرضی وسعی وجهد درطریق کشف حقیقت و خلاصه آنکه باید فرض نماید که نویسنده کتاب را نمی‌شناسد و نمیداند بچه حزب و بکدام دسته‌ای بستگی دارد و سابقه‌اش چیست و شهرتش کدام است . کتابی است که از آسمان در دامن او افتاده است و باید شیـرهٔ فکر و قضاوت و نظر خود را در باب معانی و عبارت و سبك و اسلوب و

انشاء واملای آن بر روی کاغذ بیاورد صرف نظر از اینکه خواننده کانش چه خواهند گرفت وچه فکر خواهند کرد ، آیا نفرینش خواهند گفت یا آفرینش خواهندخواند، مسلم‌است که انجام‌این‌شرایط‌« گاو نر می‌خواهد و مرد کهن‌!» وکار بنده وامثال بنده نیست ولی روی‌همرفته می‌توان گفت « چنین کنند بزرگان چو کرد باید کار ، از اینها همه گذشته یکـی از شرایط عمده انتقاد این است که منقد پیرامون فضل فروشی کسالت‌آمیز وبیمزه نگردد که بدترین عیبها و مرضهاست و بوی کوفت و آکله می‌دهد !

بعقیدهٔ بنده در محیطی مانند محیط امروزی ما ایرانیان که با سواد و کتابخوان کم داریم ونویسندگان عموماً درمقابل رنج وزحمتشان پاداش بسیار ناقابلی بدست می‌آورند (اگر پاداشی درمیان باشد) مأیوس ساختن نویسنده‌تعریف زیادی‌ندارد و نقادباید لطف وتشویق ومروت وچشم پوشی را هم تا آنجائی که باشرایط اساسی انتقاد که رکن رکین‌کاراست جور می‌آید از نظر دور ندارد .

✿✿✿

اگر بخواهیم مندرجات بالا را خلاصه نمائیم میگوئیم که نقاد باید با فضل وذوق وبا معرفت و ادیب باشد و کتابهای بسیاری از خود ـ مانی و بیگانه خوانده باشد و کتابی را که میخواهد انتقاد نماید بدقت مطالعه نماید (البته بشرطی که کتاب بمطالعه وانتقاد بیرزد) و اگربا عقاید و آراء و افکاری مواجه گردید که با مال خودش جور نمی‌آید و

نمی‌خواند و یا با انشائی رو بروشد که با سلیقهٔ او سازگار نیست تعجیل را در اظهار نظر روا ندارد بلکه اساساً اهل شك و تردید باشد و بداند که هر عقیده و نظری در دنیا طرفدارانی دارد و برای اثبات آن دلایل و براهینی می‌توان تراشید و با یك نه گفتن و دو سخن ناسزائی كـه برسم طعن وطنز و تمسخر و تحقیر بگوئیم بآسانی ازعهده رفع اشتباه واصلاح خطا (یاآ نچه اشتباه وخطا پنداشته‌ایم) نمی‌توان بر آمد وچون خودمان بفکر ورأی خودمان اعتقاد و ایمان داریم نباید تصور نمائیم که تمام مردم دنیا بسهولت استدلال مارا نمی‌پذیرند و ما می‌توانیم حرف خودمان را به کرسی بنشانیم ۰ هر گز نبایـد فراموش نمود که وقتی گالیله بمـردم می‌گفت خورشید بدور زمین نمی‌چرخد و زمین است که بـدور خورشید می‌چرخد حتی مردم دانا و با انصاف نمی‌توانستند ادعای او را بپذیرند و در دل او را دیوانه و مختل المشاعر بشمار می‌آوردند درصورتیکه حق با او بوده امروز نیز در عالم فکر ورای وحکمت و ادب و سیاست و تمام مواضیع و علوم وفنون و زمینه‌های دیگر ممکن است سخنانی بگوشمان برسد که خبط و خطای کامل بنظر در آید ولی ضمناً همیشه باید احتمال داد که شاید که فردا حقیقت و حجت آن بر عالمیان روشن و آشکار و مبرهن ومحقق گردد ۰

فهرست ها :

اسامی اشخاص و نسبت ها

و	مدیترانه ۱۰۷
ویتنام جنوبی ۱۱۵	مسکو ۷۶
ه	مصر ۲۵ ، ۳۸ ، ۱۴۲
هند ۳۸	ملیطوس ۸۱
هند شرقی ۷۶	مونیخ ۱۳۲
هندوستان ۹۶	**ن**
ی	نگارستان (باغ) ۱۳۸ ، ۱۳۹
یزد ۱۰۴	نیشابور ۳۶
یونان ۱۴۴	نیویورك ۱۲۶

AF225842